JN105403

脳科学でわかった発達障害・グレーゾーンの「子どもの脳」にちゃんと伝わる「声かけ変換」

青木悠太

Yuta Y Aoki

PHP

はじめに

「ウチの子って、もしかして発達障害?!」

そんな不安を覚え、この本を手にとられた親御さんが多いと思います。

あるいは、すでにお子さんに発達障害の診断がなされ、今後どのように対応したらよいのか、この子は将来ちゃんと自立できるだろうか……そんなふうに悩んでおられる方も少なくないでしょう。

まずお伝えしたいのは、お子さんに発達障害の特性やグレーゾーンの傾向があったとしても、早い時期にお子さんの特性や傾向を知り、それに応じた適切な対応や療育を行ない、適切な環境を選べば、お子さんはきっと幸せで実りある人生を送ることができるということです。

今思えば私の両親は、かなり早い時期から私の特徴を理解していました。その特徴の中には、今では「発達障害特性」と呼ばれるものも多く含まれますが、その都度適切な対応をしてくれていました。私自身は十代の頃に学校への適応に非常に苦しんだものの、それをきっかけに視野を広げ、自分自身を分析し、自分に合った生き方をすることができるようになりました。

ですから、お子さんの現状と将来を案じておられる親御さんたちに対し、自らの体験も交えながら、「心配しなくても大丈夫ですよ」とお伝えしたく、本書を上梓《じょうし》しました。

発達障害の診断がなされる人は、過去30年の間におよそ50倍も増えています。これは「発達障害そのものが増えた」のではなく、「発達障害と診断される人が増えた」というのが正確な表現です。

発達障害の特性のひとつである「多動」や「不注意」が目立つ子どもがいても、ひと昔前であれば「わんぱくで、ちょっとおっちょこちょいな子」として、周囲も比較的寛容に受け入れていたと思います。

友だち関係が苦手な傾向があっても、マンガを描くのが上手などの特技があれば、自然と周りに人が集まってきて、クラスでも一目置かれるような存在であることもできたと思います。

ところが近年は、「多様性の時代」とは名ばかりで、世の中で求められているのは「忘れものをしない」「コミュ力《りょく》（コミュニケーション能力）が高い」人たちで、苦手なこと、難しいことがどうしても多くなりがちな発達障害の特性がある人にとっては、「生きづらい」社会となっています。小学生以下のお子さんも、それは例外ではありません。

加えて、「発達障害」という言葉が一般に広く浸透したことも、発達障害と診断される人の増加にさらに拍車をかけています。詳しくは本文に記載させていただきますが、程度の差はあれども、多くの人に発達障害の特性は存在します。

それなのに、その特性と周りの人が求めていることがマッチしないと、表面的な理解で「あの子、発達障害じゃない？」という話になります。そして、周りの人は発達障害についての理解を深めることも対応について学ぶこともなく、お子さんが医療機関の受診を促されることも稀ではありません。

これは単純な多数決の問題で、数が多いほう（定型発達だと思っている人たち）が、数が少ないほうを集団から排除しているという構図なのです。

一方、発達障害の診断がなされて、「気持ちがラクになった」とおっしゃる親御さんも、数多くいらっしゃいます。お子さんの発達障害の特性は、「親の躾《しつけ》が悪いから」という誤解がいまだにありますが、発達障害は生まれ持った脳機能の特性（クセ）であり、躾とは関係がありません。しかし、お子さんが〝生きづらさ〟を克服し、実りある人生にしていくには、親御さんの適切な関わりが欠かせないことも事実です。

発達障害とひと口に言っても一人ひとりに個性があり、診断名だけではお子さんの特性は捉えきれません。発達障害は「社会との摩擦《まさつ》」という面がありますから、発達障害に対して、「医療だけで対応できること」には限界があります。

お子さんのいちばん身近にいる親御さんが主体となり、まずはお子さんの特性やお子さんの生きる社会のニーズをしっかりと理解し、それらに応じた適切な関わりを日常的に行なっていただくことが大切です。

難しいことではありません。日常的な「声かけの仕方」や「関わり方」「見守り方」をほんの少し工夫するだけで大丈夫です。

本書では、発達障害（いわゆるグレーゾーンも含みます）のお子さんの脳の中で起こっていることが想像できる機能を7つに分類し、それらの不具合によって生じる「困りごと」や「社会・周囲との摩擦」をできるだけやわらげたり解消したりするための具体的な「声かけ例」や「関わり方」を紹介しています。

親御さんがつい口にしがちな「NGワード」を挙げ、それをうまく変換するための考え方やコツ、変換後の適切な声かけ例を併せて提示することで、納得しながら実践できるようにしています。

親御さんの言葉というのは、想像以上にお子さんの心の発達に大きな影響を及ぼします。毎日「NGワード」を浴びせかけていると、発達障害かどうかに関係なく、お子さんはストレスを抱えて心の発達に悪影響が出ます。

逆に、適切な「声かけ」を心がければ、お子さんはストレスから解放され、心の健全な発達が促されます。

繰り返しになりますが、発達障害は生まれ持った特性と、生きている社会のニーズとの間の「摩擦」に由来します。その特性は生涯を通して大きくは変化しませんが、生きる社会を選ぶことで長所にも短所にもなりえます。

お子さんにとって親御さんは「最初の社会」であり、選ぶことができません。親御さんがお子さんにとって「適切な社会」を提供することで、お子さんは自己肯定感を高め、一般社会の中で生きる力（実行機能）を向上させます。

親御さんの手を離れ、自分で生きる社会を選ぶようになったあとのお子さんの人生を豊かで充実したものにするためには、実は幼少期の日常の声かけや関わりが非常に重要です。

本書の内容が、お子さんの心の発達を願う親御さんの助けとなることを、心より願っています。

青木悠太

脳科学でわかった 発達障害・グレーゾーンの「子どもの脳」にちゃんと伝わる「声かけ変換」 もくじ

PART 1 「発達障害」って、なんでしょう？

PART 2

子どもの「苦手」「困った行動」と脳の働き

PART 3

「苦手脳」をラクにする「おうちトレーニング」

PART 4
子どもの脳にちゃんと伝わる「声かけ変換」

PART 5 親御さんに伝えておきたい大切なこと

装幀・本文組版◉朝田春未
装画・本文イラスト◉とげとげ。
編集協力◉小林みゆき

PART 1

「発達障害」って、なんでしょう？

発達障害のタイプと診断基準

ADHDとASDを中心に説明していきます

いわゆる「発達障害」は、便宜上いくつかのタイプに分類されています（17ページ参照）。このうち、本書では「注意欠如・多動症（以下、ADHD）」と「自閉スペクトラム症（以下、ASD）」を中心に説明していきます。

発達障害の診断には、世界保健機関（WHO）が設けているものと、アメリカの精神医学会が設けているものの、2つの診断基準が用いられています。このうち日本では、後者の「DSM-5《ディーエスエムファイブ》」と呼ばれる診断基準が一般的に用いられています。その中で示されているADHDとASDの診断項目をわかりやすく簡潔にまとめたのが、18・19ページの図表です。

「DSM-5」の診断基準に則って、ADHDと診断される人は全人口の5～10%、ASDと診断される人は1%程度とされています。

発達障害の特性と関係

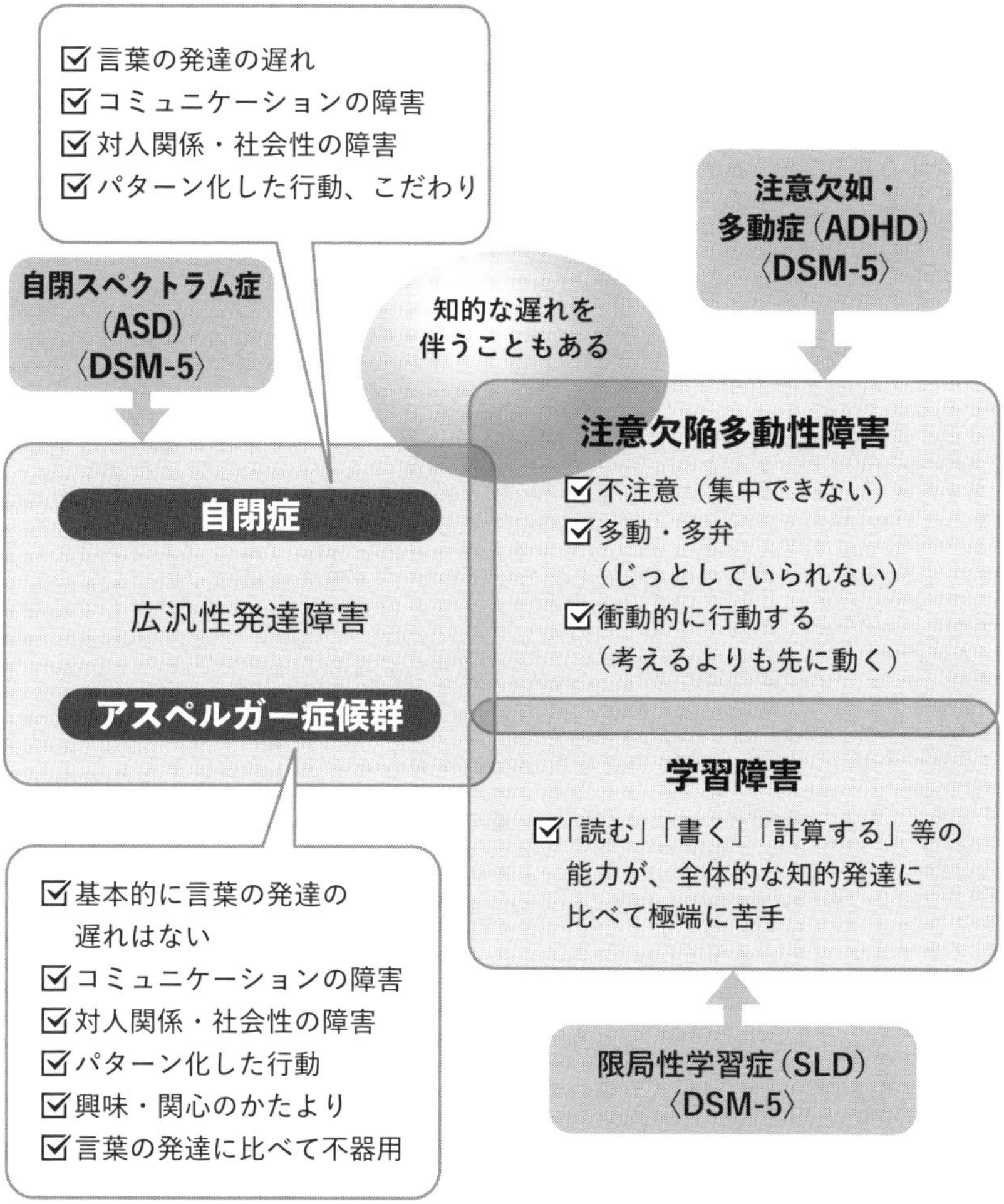

（注）発達障害者支援法における診断名はＷＨＯ（世界保健機関）の ICD-10 という疾病、傷害及び死因分類を用いているが、医療現場ではアメリカ精神医学会診断分類（DSM-5,2013）が用いられるようになっている。

「発達障害って、なんだろう？」（政府広報オンライン）を改変

ADHDの診断項目

不注意	細やかな注意ができず、ケアレスミスをしやすい（細部への注意・ケアレスミス・見過ごしをする）
	注意を持続することが困難（注意の維持ができない・授業や講義に集中できない）
	上の空や注意散漫で、話をきちんと聞けないように見える（聞いているのに聞いていないと言われる）
	指示に従えず、宿題などの課題が果たせない（指示に従えず、その結果、宿題、家事、業務を終えることができない）
	課題や活動を整理することができない（オーガナイズできない・片づけられない）
	精神的努力の持続が必要な課題を嫌う（注意力が必要な課題を嫌う）
	課題や活動に必要なものを忘れがちである（ものをなくす）
	外部からの刺激で注意散漫となりやすい（外的刺激で容易に注意が逸れる）
	日々の活動を忘れがちである（忘れっぽい）
多動・衝動	着席中に、手足をもじもじしたり、そわそわした動きをする（指や足をいじったり、イスでゴソゴソしたりする）
	着席が期待されている場面で離席する（座っていなければならないときに立ち上がる）
	不適切な状況で走り回ったりよじ登ったりする（足が落ち着かない）
	静かに遊んだり余暇を過ごしたりすることができない（静かに趣味を楽しむことができない）
	衝動に駆られて突き動かされるような気がして、じっとしていることができない（いつもエンジンで突き動かされているように動く）
	しゃべりすぎる（話しすぎる）
	質問が終わる前にうっかり答えはじめる（質問が終わる前に答えを言ってしまう）
	順番待ちが苦手である（自分の順番を待てない）
	他の人の邪魔をしたり、割り込んだりする（他者の邪魔をする）

DSM-5から作成

ASDの診断項目

社会的コミュニケーションの問題	社会感情的相互性の障害	社会的アプローチが適切ではない
		通常の会話のやりとりができない
		趣味・感情の共有ができない
		社会的交流を始められない
	非言語的コミュニケーションの障害	言語的コミュニケーションと非言語的コミュニケーションが一致しない
		アイコンタクトができない
		ジェスチャーが理解できない
	社会関係を維持できない	友だちをつくれない
		ごっこ遊びができない
		適応力が低い
		同僚や同級生に対する興味がない
反復常同行動	同じ行動を繰り返す	同じ動きを繰り返す
		ものを並べる
		反響言語(ほかの人が発した言葉をそのまま繰り返して発する。おうむ返し)
		特異的なフレーズを使う
		小さな変化を極端に嫌う
		移行に困難がある
		思考が固い
	興味が限定されている	同じ道を通る、同じものを食べる
		アイドル、プロレス、鉄道、ゲームなどが多く、ほかのことにはまったく興味がない
	感覚過敏・鈍麻《どんま》	過敏と鈍麻が同時に存在することもある

DSM-5から作成

診断名より、お子さん本人の「困り感」

診断名という「ラベル」を貼ると適切な対応につながりにくくなります

発達障害の診断では、前記した診断項目などに則って「ADHD」「ASD」という診断名がつけられます。しかし実際のところ、お子さんの特性はまさに十人十色で、ADHDとASDを明確に分けることは難しいのが実状です。両者の特性を併せ持っているお子さんもいますし、どちらの診断基準にも当てはまらないお子さんもいます。

診断によって「あなたはADHD」「あなたはASD」という画一的なラベルを貼ってしまうと、その診断名に縛られて、医師も親御さんも、一人ひとりのお子さんの特性と「困り感」が見えなくなってしまいます。そして、診断名に則したマニュアル的な対応がなされることで、まさにあなたのお子さんが、どのようなことが苦手で、どのようなことに困っているのかということが見逃されてしまい、適切な治療や療育に結びつけられないという〝悲劇〟が生まれてしまうのです。

診断基準は参考程度に受け止めましょう

ＡＤＨＤの概念は１００年ほど前に、ＡＳＤの概念は70年ほど前に報告された症例研究に、いまだに準拠しています。当時は発達障害と脳の関係はわかっていませんでしたから、「脳の中で起こっていること」を考えずにつくられた概念が、現在の診療現場でも踏襲されているということです。これは「体の中で起こっていることに応じて治療する」という、他の医療分野の常識からは大きく逸脱しています。

体の病気や障害の多くは、血液検査の数値や画像検査など「体に起こっていること」によって診断がつきます。他方、精神医療は、「脳で起こっていること」が確認できないため、医師の「見立て」に委ねられてきた歴史があります。発達障害も例外ではありません。

しかし、そうした属人的で恣意的な対応では、前記したように、誤った治療や不適切な対応につながってしまうリスクが高まることから、診断基準や診断名はあくまで参考程度に受け止め、お子さん本人の特性と「困り感」を見逃さないようにすることが大切です。

発達障害の特性は誰でも持っている?!

みんなが「グレーゾーン」?!

精神発達における人数と程度の関係の分布をグラフで表すと、23ページのようなおよそ正規分布に近いものになるでしょう。

縦軸は人数、横軸は程度を表していて、発達障害と「診断」されるのはⒶの部分に属する人です。全体のおよそ1～5％程度と考えられています。グラフの左側は発達障害特性がまったくない人、つまり厳密な意味での「定型発達」になり、それ以外のところが、定型発達から発達障害の間の「グレーゾーン」ということになります。

発達障害の程度と「困り感」は比例せず、Ⓐに位置するお子さんのほうが、Ⓑに位置するお子さんより困りごとが絶対多い、あるいは必ず深刻だということはありません。Ⓐのお子さんにはできて、Ⓑのお子さんにはできないこともあるでしょうし、ある生活動作や環境によっては、ⒶよりもⒷのお子さんのほうが困り感が大きいかもし

「グレーゾーン」の考え方

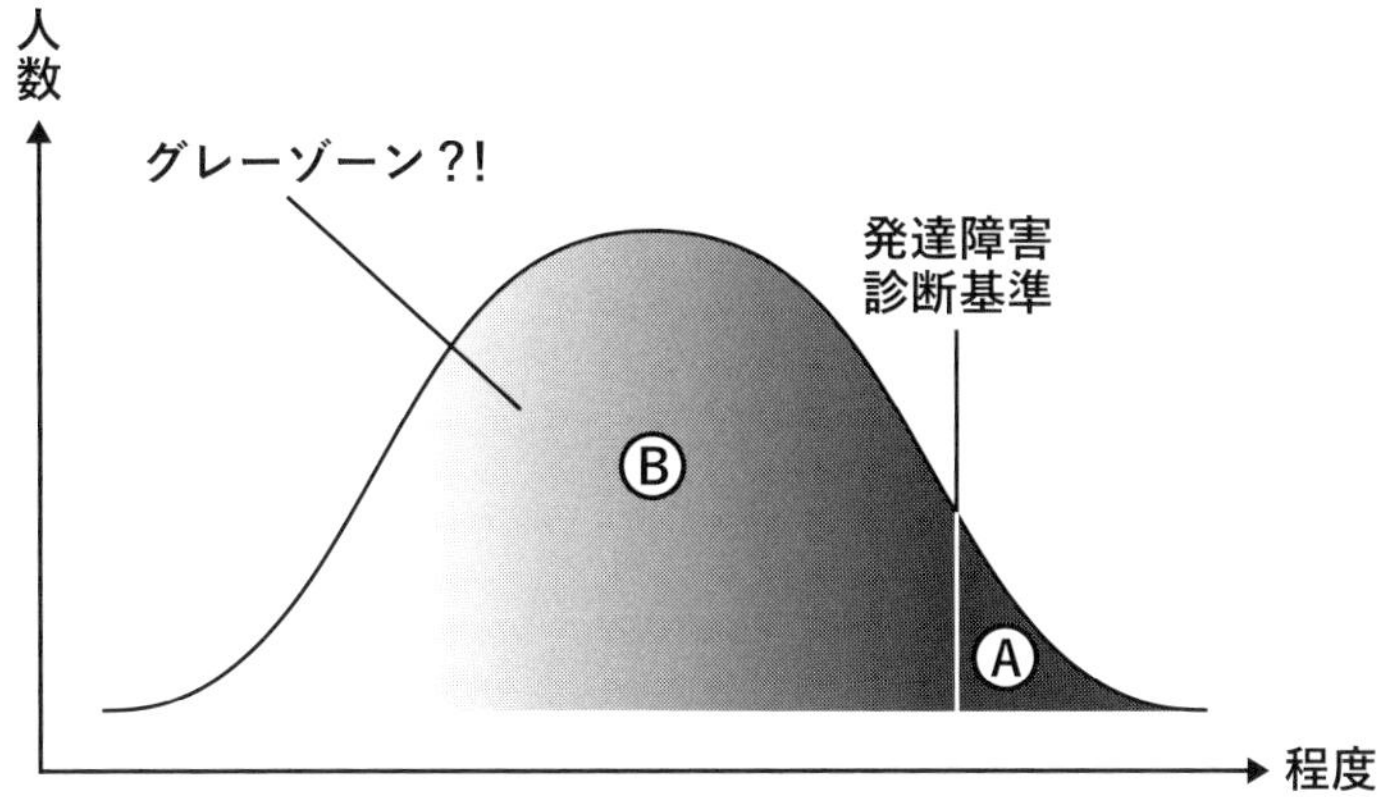

れません。逆もまたそうです。

友だちとの関係がうまくいかない、静かにじっとしていることが苦手といった困りごとを訴えて医療機関を受診したお子さんであっても、発達障害の診断基準には該当しないことも多くあります。

つまり、発達障害の診断基準で示されている特性は、定型発達の人でもグレーゾーンの人でも大なり小なり持っているわけで、そうした観点から「誰もが〝発達障害グレーゾーン〟」と言っても、決して過言でないと、私は考えています。

なお、以降で「発達障害」という言葉を使っているときは、医師による診断が下りているお子さんだけでなく、いわゆるグレーゾーンのお子さんも含めて説明していますので、あらかじめご了承ください。

お子さんの「困り感」は「社会との摩擦」

お子さんの「困っていること」「できないこと」は社会との「摩擦」です

発達障害特性（以下、発達特性）があるお子さんの多くは、園から小学校、中学校と学齢が重なるごとに「困り感」や「できないこと」「苦手なこと」が増えていく傾向にあります。

というのも、周りから求められる「社会性」が、高度で複雑になっていくからです。たとえば、年少さんから小学校低学年くらいまでは「元気で活発な子」と温かく好意的に見られていたのに、中学年以降になると「乱暴な子」「じっとしていられない子」というような否定的な見方が多くなってしまうことがよくあります。

子ども自身はそれほど変わっていなくても、お子さんが置かれた環境で求められる（期待される）「社会性」に対応できなければ、それが周囲との「摩擦《まさつ》」となって現れ、本人の特性や「困り感」につながってしまうわけです。

摩擦が生じにくい状態をつくることで「困り感」は軽減されます

「発達障害は、所属している社会（集団）への適応が難しくなった場合に診断されます」――私はいつもこのように親御さんにお話ししています。

繰り返しになりますが、現代社会ではとても複雑で高度な「社会性」が求められ、発達特性があるお子さんは、そうした「社会性」に器用に、そして柔軟に適応することが苦手なことが多いものです。そうしたことが理由となって、「この子、将来大丈夫かしら……」と不安になっていらっしゃるのが、今まさに本書を読んでくださっている皆さんなのだと思います。

そうした方々に対し、私は提案を行なっています。つまり、「摩擦」が生じるから周囲も本人も困るのであって、「摩擦」が生じない環境や関係性、役割や場所にお子さんの身を置くことを考えてみるのも、ひとつの選択肢では？　というものです。

もちろん、すべての方々にそれが可能であるとは思いません。いわゆる一般的な「社会性」に身を置かねばならないお子さんも多いと思います。しかしそうした中でも、できるだけ「摩擦」を減らしていく方法や考え方を、本書ではお伝えしていきます。

親御さんの「声かけ」は子どもの脳に大きく影響する

お子さんの「苦手」に関係する「脳の7つの機能」が解明されてきました

お子さんにとって「摩擦」が生じにくい環境を模索すると同時に、どうしても生じてしまう「摩擦」＝「困りごと」に対し、ある程度適応できる力を、幼いうちから身につけておくことも、無意味ではありません。ただし、このときに大切なのは、「困りごとを克服させる」のではなく、「得意なことを伸ばしていく」方向に導くことです。そのために役に立つのが、PART4で紹介する「声かけ変換」です。親御さんの声かけは、良くも悪くもお子さんの脳に大きな影響を及ぼします。

先にも説明しましたが、発達障害の診断は、「脳の中で起こっていること」を正確に把握したうえで行なわれているのではありません。しかし近年、脳科学の目覚ましい進展によって、発達特性があるお子さんが「苦手なこと」には、「脳の中で起こっていることが想像できる7つの機能」が関わっていることがわかってきました。

脳機能マッピングで〝見える化〟すると「苦手」とその「対応」も見えてきます

「脳の中で起こっていることが想像できる7つの機能」は、「脳機能マッピング」（脳の各部位やネットワークの働きを示したもの）で〝見える化〟ができます。

脳機能マッピングとは、脳のどの部分がどのような役割を果たしているかを調べるための手法で、いわば脳の中の「地図」をつくり、そこで何が起こっているのかを理解しようとするものです。私たちが感じたり考えたりするときにどの部分が活動しているのかを知り、脳の機能を理解するのに役立ちます。

脳機能マッピングの考え方を利用し、発達特性があるお子さんの「苦手」を見直すと、専門家でなくても脳の中で起こっていることが想像でき、お子さんの苦手を理解しやすくなります。脳の中で起こっていることが想像できる7つの機能を理解すると、適切な「声かけ」や「関わり」が、お子さんにとって好ましい影響を与えることの納得感が、ぐんと高まるはずです。

次のPART2では、お子さんの「困り感（＝苦手）」や「困った行動」が生じる因果関係を、脳機能マッピングを援用した脳科学の観点から説明していきます。

「脳」と子育て こぼれ話
①

男女の違い

発達障害は男性に多く見られるという、ひとつの見解があります。また、男性のASDは女性の約4倍にのぼるという研究もあります。性差が大きい理由としては、男性と女性の脳の違いに由来するという説があります。

一般的に男性はシステマティックな思考傾向にあるのに対し、女性はエモーショナルな傾向が強いことから、男性の中でもよりハイパーシステマティックな「男性脳」の人が、いわゆる「発達障害（主にASD）」であるという考え方です。

あくまで仮説ですが、究極の「男性脳」の療育に、「女性脳」の親が関わるとなると、お互いに理解し合うことが難しいことになります。

「男性脳」と「女性脳」のどちらがよいということではなく、「エモーショナルな親」が「システマティックな子ども」にどう対応していくかというのが、子育てにおける明確な課題のひとつであり、決して軽視できないと私は考えています。具体的な解決策は、以降のパートで改めてお話ししますね。

PART

2

子どもの「苦手」「困った行動」と脳の働き

「苦手」や「困った行動」は脳の働きを反映している

脳は複数の「大規模ネットワーク」で心身を調整しています

脳は私たちの体をコントロールしている、いわば指令塔です。指令塔といっても、脳全体で一括管理しているわけではなく、脳の各領域（各部位）で働きや役割を分担しています。「運動を司《つかさど》る領域」「感覚を司る領域」「思考を司る領域」「記憶を司る領域」「言語を司る領域」など、さまざまな領域が存在します。これらの領域が必要に応じて連携し、いくつかの「大規模（神経）ネットワーク」を構築して、心身の機能を調整していることがわかっています。

たとえば、先生の話を聞きながらノートに書き込んだり、頭で作戦を考えながら運動したりといった2つ以上の作業を同時にできるのは、こうした脳のネットワークの働きによります。また、家族の食事を何品もつくって同時に食卓に出すような作業（マルチタスク）は、脳のさまざまなネットワークがフル稼働している状態と言えます。

「苦手」「困った行動」と関係があると考えられる「7つの脳の働き」

特に、ものごとを考えたり感情を抱いたりといった認知処理には、脳のより多くの領域が関わる傾向にあります。

発達特性があるお子さんは、脳の各領域の働きや、それらの連携（ネットワーク）の一部がうまく機能していないと考えられています。発達特性があるお子さんの苦手と関係が深く、脳の中で起こっていることが想像できるのは、次の7つの機能です。

①注意（33ページ）
②ゴールの選択（36ページ）
③作動記憶（37ページ）
④他者の表情の理解（38ページ）
⑤他者の思考・感情の理解（40ページ）
⑥不安（混乱・パニック）（42ページ）
⑦反応の抑制・選択（44ページ）

脳科学の知識を身につけることが、お子さんにとって最適な療育につながります

脳の中で起こっていることが想像できる7つの機能が、発達特性があるお子さんの「苦手」や「困り感」とどのように関係しているのかを知ると、時に「不可解」で「思い通りにならない」お子さんの言動の「理屈」が理解できるようになります。

そして、お子さんの「言動」ではなく、お子さんの「脳で起こっていること」にアプローチすることで、いわゆる「困った言動」を「望ましい言動」に的確に変えていくことができます。

そこで本パートでは、7つの機能を司っている脳のネットワークと、発達特性の関係についてお話しします。少し学術的な説明も避けられないので、「理屈よりも、役に立つ具体的な方法を早く教えて」と思われる親御さんもいらっしゃるかもしれません。

ですが、PART3の「おうちトレーニング」やPART4の「声かけ変換」は、実際に行なうとなると親御さんのご協力が不可欠です。本パートの内容をしっかり理解していただいたうえで、「おうちトレーニング」や「声かけ変換」という具体的手法の実践に移っていただくと、いっそう効果的であると私は考えています。

1 注意 ――機能のすべてに関係している

注意は5つに分類できます

「注意」は他の6つの機能にも大なり小なり関係していて、次の5つに分類できます。

焦点的注意

特定の刺激（主に視覚刺激、聴覚刺激）に注意を向ける能力を指します。発達特性があるお子さんの「社会性が低い」特性は、視線や声色などに対する焦点的注意が低いと解釈できます。

持続的注意

長時間に渡って、外部からの刺激や自分の行動に注意を向ける能力を指します。ADHDの「注意を持続することが難しい」特性は、持続的注意の低さと関連します。

選択的注意

複数の刺激がある状況下で、そのひとつに注意を向ける能力を指します。ADHD

の「人の話を上の空で聞いているように見える」「外部からの刺激ですぐに注意散漫となる」といった特性は、選択的注意の問題と言えます。

転換性注意

複数の刺激の間で、注意の対象を意識的に切り替える能力を指します。ASDの「移行に困難がある（AからBに注意を向けるのに時間がかかる）」特性は、転換性注意が関わっていると考えられます。

分配性注意

複数の刺激に対して同時に注意を払う能力（マルチタスクなど）を指します。ADHDの「忘れものが多い」特性には、分配性注意の問題の関与が推測できます。

「背側注意ネットワーク」「デフォルトモードネットワーク」が関与しています

右記した5種類の注意には、脳の2つの神経ネットワークが関わっています。

ひとつは、「背側注意ネットワーク（dorsal attention network）」です。背側注意ネットワークは、注意力に加え、予測していなかったことに対して注意力の方向転換を行なう際にも働くネットワークです。

ＡＤＨＤの「持続的注意」「選択的注意」の苦手さは、このネットワークの働きがうまく機能していないことにより生じると考えられています。ＡＳＤの「転換性注意」の弱さにも、背側注意ネットワークの鈍化が関係していると言われています。

もうひとつ、「注意」に深く関係する神経ネットワークが「デフォルトモードネットワーク（default mode network）」です。このネットワークは、脳が意識的な活動をしていないとき（ぼんやりしているとき）に活性化している神経回路で、自分について深く思考したり、他者について考えたりする際に重要な働きをします。ひらめきや斬新なアイデアが生まれる原動力とも言われています。逆に、意識的な活動をしているときは、デフォルトモードネットワークの活性は抑えられます。

発達特性があるお子さんの「注意力が散漫」「集中できない」など、「注意」に関する「苦手」や「困り感」が生じるのは、デフォルトモードネットワークの活性が抑えられるべきときに活性化していて、「ぼんやり」が優位になりすぎているからです。

逆に考えると、デフォルトモードネットワークをうまく抑制すれば、お子さんの注意力や集中力も適切に発揮されるようになると言えるわけです。この考え方は、７つの機能すべてに当てはまります。

2 ゴールの選択
――「やりきる力」の原動力

「実行機能」の原動力として大切な機能です

目標を立てて、その達成に向けた状態を維持し、さらに状況が変化したときには新しい情報を追加して目標や方法を設定し直すという機能も、脳が支えています。これはあとで紹介する「実行機能（やりきる力）」の原動力としてとても大切です。

いったん立てた目標を達成するには、そこに向かって努力し、やりきる力が必要となります。たとえば、半年後のピアノの発表会に向けて、毎日1時間練習すると決めたとします。ＡＤＨＤのお子さんは、ちょっとした刺激で注意が散漫になりやすいため、練習時間が減ったり、練習を休む日が増えたりする傾向にあります。

一方、ＡＳＤのお子さんは情報の切り替えが苦手なケースが多いことから、ピアノの練習時間が少し変わったりするだけでも、その変化を受け入れるのに時間を要したり、変化を受け入れられずにピアノをやめてしまったりする場合もあります。

前頭頭頂部ネットワークが関与

先述したように、ADHDとASDでは、表面的にはまったく別の言動が見られます。しかし、いずれの場合も、結果的に「指示に従って課題をやりきれない」のは同じで、「ゴールの選択」が苦手という点で共通しています。

「ゴールの選択」には、前頭頭頂部ネットワーク（frontoparietal network）が関与しています。さらに、前節で紹介した背側注意ネットワークとデフォルトモードネットワークも関係していると言われています。

3 作動記憶
――「今何をすべきか」の優先順位をつけるうえで必要な能力

前頭頭頂部ネットワークが関与しています

作動記憶（ワーキングメモリ）は、脳の中で情報を一時的に保管し、処理する能力を指します。「脳のメモ帳」といった機能です。

ＡＤＨＤのお子さんによく見られる「片づけられない」「忘れものが多い」「集中力が続かない」といった特性には、「注意」に加えて「作動記憶」の低下が関係しています。また、ＡＳＤのお子さんの「優先順位がつけられない」という特性も、作動記憶の弱さが関わっていると考えられています。

いずれの場合も、次にすべきことの情報を効率的に保持・処理できないことが、苦手となって現れます。実行機能を高めるには、「脳のメモ帳」を大きくして、「今何をすべきか」の優先順位をつける必要があり、そこに作動記憶の働きが不可欠となってきます。作動記憶を管理しているのも、前頭頭頂部ネットワークです。

4 他者の表情の理解
――自分とは別の人の感情を予想するうえで必要な能力

発達特性があるお子さんは表情と言葉が乖離《かいり》していると混乱します

人間関係を円滑に保つうえでは、良くも悪くも「相手の顔色をうかがう」ことが、ある程度必要となります。相手の表情を見て、その人を認識したり、その人の感情を予想したりする能力が求められるわけですが、特にＡＳＤのお子さんはこの「他者の表情の理解」が苦手という特性があります。ＡＳＤの診断基準の中の「非言語的コミュニケーション（表情やしぐさなど言葉に頼らないコミュニケーション）の障害」と主に関連しています。

たとえば、友だちが笑いながらふざけて「バカじゃないの」と言ったとします。すると、表情と言葉が乖離しているため、ＡＳＤのお子さんは大いに戸惑います。家に帰ってきて、お子さんが混乱しているような場合は、そのときの状況をよく聞いて、きちんと説明してあげる必要があります（ＰＡＲＴ３、ＰＡＲＴ４参照）。

顔認識ネットワークが関与しています

顔の表情や視線の動きから、相手の感情を類推するのは、顔認識ネットワーク（face recognition network）と呼ばれる脳のネットワークです。

この連携が充分に機能していないと、顔情報を正確に認識できないために、皮肉や冗談を真に受けてしまいます。

ＡＳＤだけでなく、ＡＤＨＤのお子さんも、他者の表情の理解が苦手なことがわかっています。

5 他者の思考・感情の理解
――ＡＳＤのお子さんにとって最大の難問

他人の感情を理解する力を「心の理論」と呼びます

「他者の思考・感情の理解」は、前項の「他者の表情の理解」よりもさらに高度な機能を必要とします。特にＡＳＤのお子さんは、他人に注意を向けることや、他人がどのような感情を持っているのかを理解することが苦手と考えられています。

たとえば、お母さんと自分の考え方がわずかでも違うと、その「違う」ことに意識が強く向いて、お子さんは断固として納得しないことがあります。99％同じ考え方であっても、1％の違いが納得できず、つまるところ100％違うと考えてしまう――

そうしたとき、本人の中の「白黒思考（オール・オア・ナッシング）」を解きほぐし、どこまでは一緒で、どこがどう違うのかを丁寧に説明してあげることがとても大事です。一致している99％の部分に意識を向けるコツを覚えると、コミュニケーションが少しはラクになります。

心の理論のネットワークが関与しています

他者の思考や感情を理解するのは、背内側前頭前野を中心とした心の理論ネットワーク（theory of mind network）と呼ばれる神経のネットワークです。ＡＳＤのお子さんは、このネットワークの働きが弱い傾向にありますが、近年ではＡＤＨＤ特性があるお子さんも苦手であることがわかっています。

6 不安（混乱・パニック）

——脳の中で起こっていることはとてもシンプル

不安は社会に適応するうえで大きな壁となります

発達特性があるお子さんが、いわゆる「一般社会」で「摩擦」を生じがちなのは、「不安」が大きく関係しています。

外出する際にトイレに何度も行く、「お母さん、本当にガスの元栓閉めた？　家の鍵はかけた？」といったことをしつこく確認するのも「不安」に起因しており、ＡＳＤの診断項目のうち「反復常同行動」と関連しています。

同じ行動の繰り返しであればリラックスでき、安心感があるのに対し、変化することには不安がつきまといます。つまり、不安が強いために変化を嫌い、同じことを繰り返すのです。

新しい環境では不安を惹起《じゃっき》しやすく、混乱状態に陥ることもあります。一般にパニックと呼ばれる状態です。

感情のネットワークが関与しています

不安や心配事は、脳の扁桃体を中心とした感情ネットワーク（affective network）が関連して生じます。

扁桃体は、アーモンドくらいの小さな部位ですが、いろんなことをあれこれ考えて不安を増幅する拠点となります。

本人にとっては深刻な状態ですが、脳の中で起こっていることは非常にシンプルで、脳の「扁桃体」と「分界条《ぶんかいじょう》床核《しょうかく》」と呼ばれる部位が過活動しているだけです。

したがって、それらを鎮めるトレーニングを行なえば、不安を抑え込むことが可能です（ＰＡＲＴ３参照）。

7 反応の抑制・選択
——ADHDの衝動性、ASDのこだわりと密接に関係

衝動的な言動やこだわりが生じる背景には理屈があります

私たちの脳には、予想外のことが起こったとき、とっさに湧き起こる感情や、つい手が出てしまうといった行動を抑え、どのように反応することが好ましいのかを選択する能力があります。この働きがうまく機能していないと、周囲の人間に対してちょっとでもイラ立ちを覚えると暴言を吐いたり、暴力を振るったりといった言動につながります。ADHDの「衝動性」がこれに該当します。

ASD特性があるお子さんは、仲がいいと思っていた友だちが、自分の予想外のことをすると、今までの〝仲良し〟が全部なかったと考え、関係を断ってしまうケースがあります。これはASDの強いこだわりと「社会感情的相互性の障害」「非言語的コミュニケーションの障害」に関連し、相手の表情を見て自分がどのような反応をすべきかを選択できない、変化したことへの拒否反応などが背景にあります。

前頭頭頂部ネットワークが関与しています

「反応の抑制・選択」は、先述した「②ゴールの選択」と「③作動記憶」と同様に、前頭頭頂部ネットワークが関係して生じます。

カッとなるような反応を抑えているのは前頭前野と呼ばれる部位で、この前頭前野を中心とする前頭頭頂部ネットワークが通常どおり機能していれば、誰かに対して多少イラついていても、ぐっと耐えることができます。

カッとならないようにするためには、前頭頭頂部ネットワークの機能を高めるとともに、「内受容感覚《ないじゅようかんかく》」を司っているデフォルトモードネットワークの活性を上手に管理する必要があります。内受容感覚が鈍ると、自らの心や体で起きていること、あるいは喜怒哀楽の感情への「気づき」が低下し、自分がどのくらいイライラしているのかに気づかないまま、突発的な暴言・暴力につながります。

デフォルトモードネットワークを上手にコントロールする力が身につくと、内省と自制が利き、喧嘩っ早い子でもぐっと耐えられるようになります。たとえば、修行僧が鍛えていることのひとつが、まさにこのデフォルトモードネットワークです。

お子さんの自己肯定感を高め、やりきる力を向上させる

苦手は「治す」「克服する」のではなく、「うまくつき合う」

発達特性があるお子さんの苦手（困り感）の背景に、脳のさまざまなネットワークが関係していることは、おわかりいただけたかと思います。

それはつまり、お子さんの苦手や困った言動を「治そう」「克服させよう」と考えて叱咤激励するような感情論や根性論のアプローチでは、親御さんにとってもお子さんにとっても、しんどいばかりで決して良い結果にはつながらないことを意味しています。

親御さんにとってもっとも心配なのは、「この子が大人になったあと、自立して生きていくことができるのだろうか」ということだと思います。

苦手を「治す」のではなく、その苦手を抱えながらも、お子さんが「困り感」を抱かずに生きていくにはどうしたらいいか。あるいは苦手は苦手として、得意なことだけで生きてはいけないだろうか。そういった方向に頭を切り替えることも大切です。

お子さんの「できない」を否定せず、「できる」を褒めましょう

苦手を抱えながら生きていくうえで重要となるのが、お子さんの「自己肯定感（自己評価）」と「実行機能（やりきる力）」です。

自己肯定感とは、自分を受け入れて自分の存在を肯定的に考えることを指します。親の指示どおりに行なったことで成功しても自己肯定感は高まりにくい一方、自分が計画して実行し、うまくいったときには自己肯定感が一気に高まります。

発達障害かどうかにかかわらず、自己肯定感の高いお子さんはチャレンジ精神が旺盛で、苦手なことがあっても、それはそれとして、自分の得意なこと、自分の好きな目標へ向かって進んでいこうという、常に前向きに考える傾向にあります。したがって、自己肯定感が高まれば、おのずと実行機能も向上します。

逆に、お子さんの苦手なことを叱って（否定して）ばかりいると、お子さんの自己肯定感はどんどん低下し、できることもできなくなってしまいます。お子さんの「できない」に固執するより、「できる」ことを褒めたほうが、脳のネットワークの働きが向上していくことがわかっています。

日常的な「声かけ」のポイント

本人が努力していることは全力で褒めます

お子さんの自己肯定感および実行機能は、親御さんの関わりによって高めることができます。特に大切なのが、日常的な「声かけ」です。

苦手なことが多くなりがちな発達特性があるお子さんに対し、叱ったり責めたりするのではなく、本人が努力しているところをまずは全力で褒めます。就学前のお子さんなら、「あなたは天才だよ」「〇〇ちゃんには才能がある」といった、わかりやすい言葉で賞賛します。小学生のお子さんに対しては、「こんなところがすごいと思うな」といった具体的な例を挙げて褒めたほうが、本人の納得感が高まるでしょう。

また、できなかったことに対しては、どうしたらもう少しよくなるのかを本人の意見も聞きながら、肯定的にアドバイスをするようにします。

ひとつずつ「できた」ことを肯定し、積み上げていくことが大切です

発達特性があるお子さんは極端な解釈をしがちで、ネガティブな言葉に注意が向いてしまう傾向にあります。「〇〇したらダメ」と言われると、人格を全否定されたと捉えるので、「声かけ」するときは、すべてポジティブワードに変換することが基本です。

さらに、親御さんの中には、お子さんの苦手に対して、つい感情的な「声かけ」をしてしまう場合もあると思います。たとえば、忘れものが多いお子さんに「また忘れものをして！　本当にどうしようもない子ね」と何度も言われると、自分は何をやってもダメだと考えてお子さんの自己肯定感が低下し、実行機能も下がってしまいます。

親御さんが感情的になる気持ちはわかります。ですが、今ちょっと工夫すれば、お子さんの将来は大きく変わると考え、寝る前に「明日の授業に必要なものは、ランドセルに入っている？」などと声をかけて一緒にチェックしたりするだけでも充分です。

小さなことでも一つひとつやりきる。「やりっぱなし」や「できなかった」で終わらせずに「できた、できた」を積み上げる。それが自己肯定感の向上につながります。親御さんの「声かけ」によるサポートが、お子さんにとって最大の励ましなのです。

「脳」と子育て こぼれ話
②

自己肯定感とプライド

「自己肯定感」と似て非なるものに「プライド」があります。

プライドが高い人は、自分が何をやりたいかということよりも、周囲からどう見られるかということのほうが気になり、世間体を優先した人生を選択しがちです。また、プライドは高いのに自己肯定感の低い人は、周囲に対して変に従順だったり卑屈になったりしやすい傾向があります。

自己肯定感が高い人は、余計なプライドなど必要ないので、他人の目を気にすることなく、自分の目指す目標に向かってまっしぐらに進むことができます。

プライドが高い人はどこにいても煙たがられますが、我が道を行く自己肯定感が高い人は、自分の適した場で能力を発揮し、周囲からちょっと変わっていると思われたとしても、愛されて適応している場合が多い印象があります。

他者に左右されることなく、自分のやりがいや満足感を大切にする人生を送るためにも、幼い頃から自己肯定感を高めていくことが、とても大切です。

PART 3

「苦手脳」をラクにする「おうちトレーニング」

①注意と②ゴールの選択に効果的なトレーニング

かんたんマインドフルネス

デフォルトモードネットワークを抑える「マインドフルネス」

本パートでは、PART2でお話しした「脳の中で起こっていることが想像できる7つの機能」から生じるお子さんの「困り感（苦手）」や「困った行動」の軽減が期待できる、いわば「苦手脳」をラクにする「おうちトレーニング」を紹介します。

「①注意」と「②ゴールの選択」（33〜37ページ参照）に苦手があるお子さんは、デフォルトモードネットワークを抑えることで注意力を高めるトレーニングが効果的です。デフォルトモードネットワークの抑制には、「マインドフルネス」が効果的であることがわかっています。マインドフルネスとは、「今この瞬間」に意識を集中することで感覚を研ぎ澄ませ、外的な刺激に対する注意をコントロールし、「邪念《じゃねん》」から気をそらして頭や心を整える方法のひとつです。小学生以下のお子さんの場合は、親子で一緒に実践できる次のような方法が適しています。

2〜10歳

足裏マッサージ

お子さんの足の裏の「ツボ」を押すマッサージを毎日してあげましょう。これは東洋医学的なツボ刺激の効果を狙う以前に、お子さんが「痛気持《いた》ちいい」と感じるところを適度に押し、その感覚に集中させることが目的です。あまり強く押すと、お子さんが痛がって続かないので、親子のスキンシップの延長として楽しみながら行なうようにします。

筋トレ

筋トレに集中しているときは、まさにマインドフルネスの状態にあります。

2〜3歳のお子さんには腹筋運動がおすすめです。親御さんが足首を押さえ、「腹筋何回できるかな?」と声をかけると、お子さんは面白がってチャレンジするはず。他のことに意識が向かないように「今おなかの筋肉が鍛えられているよ」「10回もできた、すごいね」と絶えず声をかけ、褒めてあげるのがポイントです（筋肉や関節を傷めないよう、無理はしないでください)。

5歳以上になったら腕立伏せの真似ごとを始めてみるのもよいでしょう。姿勢を整えて筋肉に意識をできるだけ集中させ、「もう限界」の一歩先まで負荷をかけるのが理想です(ただし、絶対に無理はしないでください)。

塗り絵

枠の中にきれいに色を塗ろうとすると、指の動きに集中して熱中します。集中するまでに多少時間がかかっても、根気強く見守ります。いったん集中すると無心になり、最高のマインドフルネスとなります。親御さんも一緒に行なうとお子さんが興味を抱きやすくなるとともに、親御さんのメンタルを整えるうえでも役立ちます。

10歳以上

静坐瞑想法

「静《せい》坐《ざ》瞑《めい》想《そう》法《ほう》」は、マインドフルネスの定番とも言える方法です。小学生以下のお子さんにはなかなか難しいかもしれませんが、じっとしていることが苦にならないお子

さんには適しています。
お子さんの場合、足の組み方は本人の座りやすい形で構いません。大切なのは「姿勢」と「呼吸」です。
頭から首・背中・腰が一直線になるように座り、その姿勢を維持することと呼吸をゆっくり繰り返すことだけに集中します。途中でいろいろな思いが頭に浮かんできますが、それはすべて「邪念」なので、姿勢と呼吸だけに集中することを目指します。
静坐瞑想法のあとに、お子さんが「こんなことを考えた」と言って集中できていないようなら、いったん耳を傾け、「次は、姿勢と呼吸にもっと集中してみようか」と声をかけるといいでしょう。

歩行瞑想法

歩きながら瞑想を行なうのが、「歩行瞑想法」です。体を動かすことが好きなADHDのお子さんには、こちらが向いているかもしれません。「姿勢」と「呼吸」を整えることは静坐瞑想法と同様ですが、歩きながら行なうと、環境音や気温、天気、周りの風景、人や車の往来など、さまざまな外的刺激にさらされるため、逆に邪念に囚《とら》われにくいのが利点です。

親子で歩いていても会話はせず、地面に足がつく感覚、足が地面から離れる感覚などの動作にお子さんが集中できるように促します。長く続けるうちに、外的刺激にも囚われなくなっていきます。

ヨガ・武道・ダンス

「姿勢」と「呼吸」を重視するマインドフルネスとしては、ヨガや武道、ダンス、バレエなどもおすすめです。親子で教室へ通い、レッスンを受けるのもよいでしょう。これらは実行機能（やりきる力）を高めるうえでも有効です（PART5参照）。

登山

登山は自然が相手ですから、事前に予測ができません。10メートル歩くだけでも、高さが違ったり、足元に段差があったりして、そのつど自分なりにいろいろ工夫を講じる必要があります。また、当初の目標は山頂まで登ることだったのに、雨が降ったり、体調が悪くなったりすると、目標の変更を余儀なくされます。こうしたことは、お子さんの臨機応変な思考を養うには最高のトレーニングとなります。

また、山を登り下りするプロセスで心身が疲弊してくると、邪念を頭に思い浮かべる余裕はなくなり、ただただ歩くという無心の境地に至ることができるのも、登山のよいところです。

さらに、目標を明確に達成しやすいことから、自己肯定感および実行機能の向上にもよい影響を及ぼします。

3 作動記憶に効果的なトレーニング

ストラテジートレーニング・コアトレーニング

脳により多くの情報を効率よく取り入れるトレーニングが適しています

「③作動記憶」（37・38ページ参照）に苦手があるお子さんは、情報を受け入れる容量や効率性が少し未熟です。そこでおすすめしたいのが、次の2つの方法です。

1 ストラテジートレーニング

効率的に脳に情報を入れて維持し、それを活用するための戦略（ストラテジー）を学ぶためのトレーニングです。次の2つがあります。

★チャンキング

チャンキングとは、頭の中にあるバラバラの情報をグループ化し、大きな情報を分解して小さなかたまりにしたり、逆にひとつの情報のかたまりを細分化したりする思

チャンキングの例

複数の情報を大きなかたまりのままで記憶するのは難しいものですが、頭文字で分類し直すなどして、ほどよい大きさのかたまりにほぐして整理すると、頭に入りやすくなります。

頭文字チャンキング

☞47 都道府県名を無秩序に記憶するのは大変なので、50 音別にチャンキングする。

☞「あ行」で始まるのは次の 11 府県。
愛知県　青森県　秋田県　石川県　茨城県　岩手県
愛媛県　大分県　大阪府　岡山県　沖縄県

☞まだかたまりが大きいので、もう少し小さく「あ」「い」……とすると、
「あ」愛知県　青森県　秋田県
「い」石川県　茨城県　岩手県
となり、記憶しやすい大きさになる。

考法のことです。発達特性のあるお子さんは、前者の思考法が適しています。

たとえば、電話番号は10～11桁ですが、多くの人にとって一度に覚えられる数字は3～4個。そのため、途中にハイフンを入れて3～4個の数字のかたまりをつなげることで覚えやすくなっています。

このように、さまざまな場面でチャンキングを上手に活用すると、理解力・記憶力の向上にもつながります。

★予習と復習の重要性

初めて知った情報は記憶しにくいのに対し、見慣れた情報は記憶しやすいことから、知識を増やすことで、作動記憶が増えたと感じることができます。小学生であれば、前日に予習をすることで効率的に知識を増やすことができます。予習は作動記憶への負荷の軽減につながり、復習は情報を長期記憶に格納するうえで効果的です。

❷ コアトレーニング

脳の情報の容量を大きくし、さまざまな情報を効率よく受け入れ、作動記憶を増大させるのがコアトレーニングです。

新しい環境に身を置き、状況を把握して戦略を工夫することで、作動記憶は少しずつ向上します。新しい習い事を始める、新しい言語（外国語）を覚える、新しいスポーツを始めるなど、お子さんの頭の中で新しい論理体系やルール体系をつくり、適度な負荷をかけ続けることが、作動記憶を高めることにつながります。

4 他者の表情の理解に効果的なトレーニング

親御さんが表情をつくってお子さんに学習させる

お子さんが興味を抱いて取り組むものを選択する

他者の表情を理解するためのトレーニングについては、さまざまな方法が提唱されています。

たとえば、顔の表情から「楽しい」「さみしい」「怒っている」などを理解して読み取る「感情カード」「表情カード」や、パソコン・スマートフォンを活用してできる表情認識のゲームのほか、近年では周囲の人の顔や表情について視覚または音声などで知らせてくれるメガネ型の情報端末なども開発されています。

お子さんが興味を抱いて取り組むものを選択するのも一案です。ただ、ゲームではあくまでもゲームが得意になるだけで、実社会での表情理解につながることを立証した研究は見当たらないのも事実です。

親御さんも一緒に学習し、ご自身の表情づくりの苦手を克服しましょう

発達特性（特にASD）のあるお子さんが、他者の表情を理解するのが苦手なのは、脳の側頭葉にある「紡錘状回《ぼうすいじょうかい》」という部位がうまく機能しないことが原因だと、以前は考えられていました。ところが、その後の研究では、紡錘状回の活性よりも、「人の顔に興味がないこと」が表情を理解しにくい主要な原因であることがわかってきました。

そのため、ゲームではなく身近にいる人の顔に注意を向けさせ、顔のパーツを注意深く観察させること、さらには顔のパーツの集合である顔情報から感情を類推することが、他者の表情の理解を高めるうえで有効なトレーニング法と考えられます。

特に、家族を題材とした表情理解のトレーニングが、実社会で役立つことが報告されています。実は、ASDと診断されたお子さんの親御さんも、表情をつくることが苦手な場合が多いと言われています。ですから、親御さんも一緒に表情の理解を学習し、親御さん自身が「楽しい」「さみしい」「怒っている」ときの表情をつくってお子さんに見せてあげることが、お子さんの最良の学びとなります。手間がかかったとしても、それは結果的に親御さん自身の生きやすさにもつながると思います。

表情理解のトレーニング

顔の表情から「たのしい」や「かなしい」など
他人の気持ちの理解につなげるトレーニングです。

どんな気持ち？

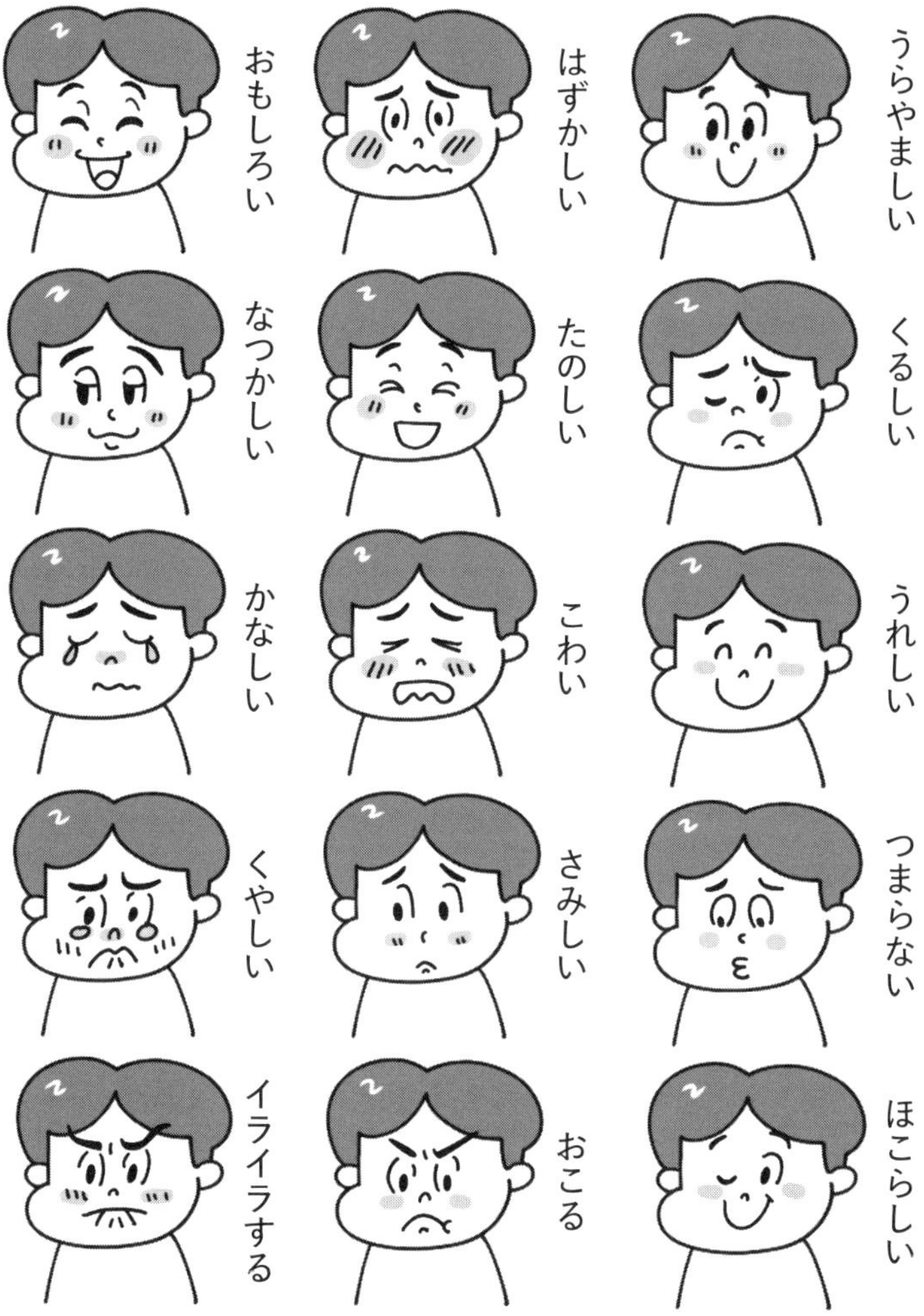

両親との会話や多彩な他者とのコミュニケーション

他者の感情を類推する4つのステップ

他者の思考・感情を理解するのは、脳機能の中の「心の理論ネットワーク」が深く関係しています。

それをふまえて説明すると、目の前にいる他者が今どのような感情を持っているかを類推するとき、私たちは次の4つのステップを踏んで成長すると考えられています。

①目の前にいる他者に注意を向ける。
②注意を向けた他者にとっての事実は何かを客観的に考える。→「つめたい心の理論」
③自分に注意を向けて、自分ならどういう感情を持つかを考える。
④自分の感情をふまえて、他人がどのような感情を持っているかを考える。→「あたたかい心の理論」

心の理論ネットワークの発達を促すトレーニング

これまでの研究では、さまざまな社会的刺激にふれ、より多くの人の言葉にふれたほうが、心の理論ネットワークの成長が促されることがわかっています。

お子さんが幼い頃からいろいろなところに連れて行ってあげて、違う立場の人や違う意見の人と接する機会をつくってあげると、心の理論ネットワークの発達を促すことが期待できます。家庭の中でも、感情的に叱ることは避け、お子さんが「今なぜ叱られているのか」を理解できるようにしっかり説明することが、心の理論ネットワークの発達によい影響を与えると考えられています。

0〜5歳

就学前の幼いお子さんでも、両親の会話を想像以上によく聞いています。ですから、夫婦で話をするときは、お子さんが聞いていることを前提に、感情的に対立することは避け、お互いに「なぜ自分はそう考えるのか」を伝えるとともに、「なぜあなたはそう考えるのか」にもきちんと耳を傾け、論理的な会話を冷静にすることを心がけるだけでも、お子さんの心の理論ネットワークの発達を促すトレーニングになります。

また、言葉をたくさん覚えるほど、お子さんの心の理論ネットワークは成長します。家庭内で話す言葉はもとより、親とは違う職業の人や、違う趣味を持つ人、違う生き方をしている人などと会って話す機会をたくさんつくりましょう。

6～13歳

小学校に入る年代になったお子さんには、他者の感情について具体的に説明してあげることが、心の理論ネットワークの発達において大切です。

そのための手段としてはマンガやアニメがとても有効です。お子さんの好きなマンガやアニメのキャラクターを通して、「この登場人物はなぜそのような感情になったのか」といったことを親子でよく話し合い、お子さんが理解できないところは補足してあげる。そうした繰り返しが、他者の思考・感情の理解を育むうえでとても大切です。

さらに、お子さんが自分の意見を持つようになったときには、他者が異なる考えや感情を持つこと（＝『つめたい心の理論』）に対する理解についてしっかり話し合うことにより、お子さんの「あたたかい心の理論」の成長の助けとなります。

6 不安に効果的なトレーニング

認知再構成法

お子さんの反応や行動の「クセ」を変えていきましょう

発達特性があるお子さんは、変化することに不安を覚え、不安を避けるために反復常同行動（同じ行動を繰り返す行動）を起こすことがよくあります。

不安を退けるひとつの方法として、「認知再構成法」と呼ばれる手法があります。68ページのようなシートをつくり、お子さんの行動や考え、適切な行動などを親子で話しながら毎日記録していきます。文字として記録することで、お子さんの心が反射的に反応してしまうクセを知り、そのクセを親子で理解して共有することで、好ましくない反応や行動をコントロールすることを目指します。

不安というのは脳の扁桃体が過剰に活性化しているだけなので、お子さんに対して、「扁桃体さん、扁桃体さん、そんなにがんばらなくていいですよ」という感じで、自分の扁桃体と会話するイメージを促すだけでも、不安を軽減できると思います。

認知再構成法

このようなシートをつくり、日記のように毎日書き込んでみましょう。

事実　何が起こりましたか?

考え　そのとき、どんなことを考えましたか?

感情　どんな気持ちでしたか?　気持ちの強さは?　%

別の考え　客観的に別の考えを探してみましょう。

感情の変化　別の考え方をすると、どんな気持ちになりましたか?

気持ちの強さは?　%

より適応した行動　別の考え方をもとに、より適応した行動を考えてみましょう。

出典：レストベストのホームページ（https://www.restbest.jp/）

7 反応の抑制・選択に効果的なトレーニング

見える化

年齢を重ねるごとに落ち着くことがあります

すぐにカッとなりやすい反応を抑える能力は、成人するまでに身についていくことがほとんどです。たとえば、小学生や中学生の頃、ちょっとしたことでケンカをしていたお子さんが、20歳を超えてからすっかり落ち着いて家庭を持ち、仕事や子育てにやり甲斐を見出している例は、枚挙にいとまがありません。

そうしたお子さんに対し、「結婚して子どもが生まれ、守るべきものができたから大人になった」と考える親御さんが多くいらっしゃいます。確かにそうした部分もあると思います。加えて、年齢とともに脳が成熟したという要素もあります。

ですから、反応の抑制・選択ができなくて「この子の将来、大丈夫かしら?」と感じているお子さんも、成長とともに落ち着いていくことを知っておいてください。

「引き金」と「統制」の絵を本人に描いてもらうトレーニングを行ないます

カッとなりやすい反応は、自分の思い通りにいかないことや社会性に関することなどが「引き金」となります。たとえば、熱中しているスマートフォンのゲームに負けたり、LINEのメッセージを「既読スルー」されたりしたときに癇癪《かんしゃく》を起こすのは、その最たる例です。

こうした特性は、発達障害の診断基準にはリストアップされていませんが、ADHDまたはASDの特性があるお子さんにとって重要な要素となります。とっさの反応を選択・自制できないことは、社会に適応するうえで欠かせないものだからです。

ですから、お子さんにとっての「引き金が何か」を知ることが先決となります。それがわかったら、その「引き金」をお子さんに画用紙に描いてもらいます。スマートフォンのゲームであれば、ゲームやスマートフォンの絵を、あるいは既読スルーであれば「既読」という文字を書くのもいいでしょう。画用紙に描く作業も、引き金を冷静かつ客観的に距離をもって見ることができるようになる手助けとなります。

次に別の画用紙に、「引き金」と見た目は似ているけれど「引き金」ではないものを

「統制」と称して本人に描いてもらいます。たとえば、引き金がスマートフォンのゲームであるなら統制はテレビ、あるいは既読スルーが引き金の場合は待ち受け画面を統制とします。

そして、「引き金」と「統制」の絵を、それぞれ10枚程度用意し、「引き金」の絵では右手を挙げる、「統制」の絵では左手を挙げるという約束のもと、ランダムにお子さんに提示します。

その結果、正しく回答した比率（「引き金」で右手を挙げた回数と「統制」で左手を挙げた回数の割合）と、その時間を測定し、正答率と時間が基準を満たせば、ご褒美《ほうび》をあげます。

このようなトレーニングを行なうことで、反応と抑制の能力が向上することが示されています。すなわち、脳が鍛えられて活性が上がり、「引き金」に対する脳の活性が抑制されることが明らかにされているのです。

ただし、「引き金」によって効果に差があり、かつ、トレーニングの効果は一過性のものであることがわかっています。ですから、トレーニングを継続して行なうとともに、さまざまな「引き金」を想定してトレーニングを行なう必要があります。

反応の「抑制」と「選択」のトレーニング

「引き金」と「統制」の絵や写真を用意し、「引き金」では右手を、
「統制」では左手を挙げるように指示します。

図1

「引き金」と「統制」それぞれ10ずつぐらい用意する。

図2

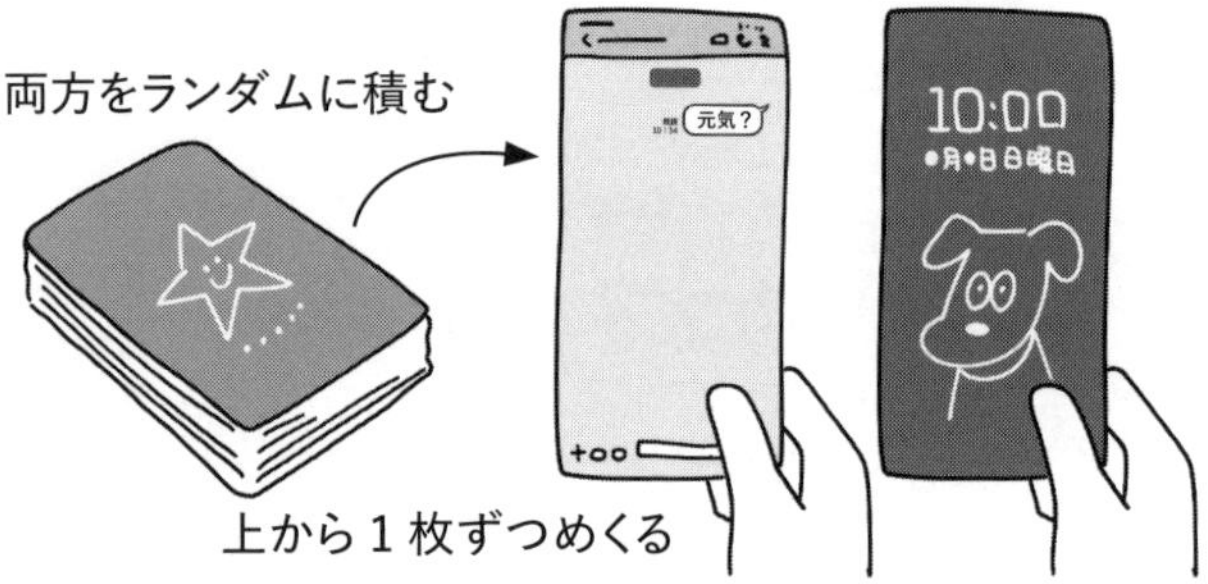

図3

「引き金」のときは右手を「統制」のときは左手を挙げる。
正答率とかかった時間を出す。

PART 4

子どもの脳にちゃんと伝わる「声かけ変換」

親御さんがお子さんにいつでもできる13のこと

「声かけポイント」を理理解してNGワードをOKワードに変換していきましょう

発達特性があるお子さんの「困り感（苦手）」や「困った行動」の軽減に対しては、PART3で紹介した「おうちトレーニング」に加えて、本パートで紹介する「声かけ変換」を上手に活用していきましょう。

「短所も、見方を変えれば長所になる」というように、「ものごとの見方」や「ものの言い方」を変えてみると、自分を取り巻く環境や相手の言動が不思議と良いほうに変わってくる、ということがあります。

本書で紹介する「声かけ変換」は、ネガティブなことをポジティブに捉え直したり言い直したりするだけでなく、お子さんの発達特性をふまえたうえで、お子さんの「脳」に伝えたいことがしっかりと伝わる言い換え例を紹介します。

次の「声かけポイント」を押さえたうえで、解説と変換例を説明していきます。

親御さんがお子さんにいつでもできる「声かけ」のポイント

①やるべきことを正確に伝える（76ページ）
②冷静さを保つ（86ページ）
③内容ではなく骨組みを教える（92ページ）
④起こるかもしれない変化を説明して不安を減らす（98ページ）
⑤子どもの感覚や欲求を把握して具体的な声かけをする（102ページ）
⑥努力すれば報われることを教える（108ページ）
⑦やるべきことの優先順位を親子で共有する（112ページ）
⑧大切なことは文章で情報交換する（116ページ）
⑨ダメなことは総体的にダメと理解させる（122ページ）
⑩自分の立てた目標をひとつずつ達成させる（126ページ）
⑪正解がない質問に対しては向き合わない（130ページ）
⑫できることに集中させ、できないことで悩ませない（134ページ）
⑬「負のらせん階段」を一緒に下りない（138ページ）

声かけポイント①

やるべきことを正確に伝える

あいまいな表現はやめて、正確に、具体的に伝えることが大切です

日本人は「全部言わなくてもわかるでしょ?」という、フワッとした感じのやりとりでコミュニケーションをとっている場面が多くあります。しかし、発達特性があるお子さんは、そうしたあいまいな表現を理解することが苦手です。

お子さんに何かを伝えるときは「やるべきこと、してほしいことを正確に、具体的に伝える」。これが声かけの基本となります。注意するときも、「それはダメ」と言われると、「じゃあ××だったらいいの?」と混乱してしまうので、具体的に「△△して」と伝えるようにします。

お子さんが今何をしたらいいのか困っているとき、自分で考えさせるのもいいのですが、親御さんが具体的な見通しを伝えてあげると、お子さんは戸惑うことなくやるべきことを遂行できますから、まずはその成功体験を積むことが大切です。

声かけポイント

☑あいまいな表現や代名詞を使わない。
☑文末や語尾を濁さず、最後まできちんと話す。
☑5W1H（いつ、どこで、誰が、何を、なぜ、どのように）を入れて話す。
☑基本的な文法を遵守する。
☑話す内容に一貫性と整合性を持たせる。

関係する苦手脳

⑤他者の思考・感情の理解
⑥不安
⑦反応の抑制・選択

声かけポイント① やるべきことを正確に伝える

NG 食事中は歩き回ったらダメ！

OK 食事中はイスに座っていてね。

じっとしていることが苦手な発達特性があるお子さんは多いものです。

心が不安でザワザワしているのを紛らわすために体を動かすことがありますし、今やっていることとは別のことに興味が向いて、そっちのほうへ気持ちも体も動き出してしまうこともあります。食事中や授業中に歩き回るのは、そうしたことからです。

このとき「歩き回ってはダメ！」と伝えても、なぜダメなのか、どうしたらいいのかを理解できず、不安がより増長して余計に騒ぎ出してしまうお子さんもいます。

単に「ダメ」と叱ることは不安をあおるかもしれないと理解し、「食事中はイスに座っていてね」と具体的に伝えるほうが、お子さんは納得します。

声かけポイント① やるべきことを正確に伝える

NG ゲームなんかやめて、勉強しなさい！

OK 勉強時間を3時間確保するには、ゲームは30分と決めたほうがいいよね。

「勉強しなさい！」という言葉は、ついつい口にしがちではないかと思います。

しかし、「勉強しなさい」という抽象的な表現はお子さんに伝わりづらく、実際の改善にもほとんどつながりません。

やる気にさせるには、もっと具体的は声かけが必要です。

「あなたの希望する学校へ進学したいなら、勉強時間を１日最低３時間は確保する必要がある。そのためには、ゲームの時間を１日30分と決めなければ実現できない」といった論理的かつ具体的な声かけをしましょう。

もちろん、進学よりも、ゲームを極めて将来に活かしたいと本人が希望するなら、お子さんのその思いにしっかりと耳を傾けることも大切です。

声かけポイント① やるべきことを正確に伝える

NG ママ出かけるけど、ごはんつくってあるから。

OK ママはこれから仕事で出かけます。お昼ごはんはテーブルに用意しておいたから、12時になったら一人で食べてね。

「ごはんつくってあるから」と言われても、発達特性があるお子さんは困ってしまいます。「母親が出かけること」と「ごはんがつくってあること」の関係や、親御さんの言葉が、「一人で食べなさい」ということなのか、「あとで一緒に食べよう」ということなのか、理解することが難しいのです。「声かけ変換」においては、**日本語の文法に則った5W1H（いつ、どこで、誰が、何を、なぜ、どのように）や目的をしっかり伝えることが大切**です。

ASD特性があるお子さんにとっては、「ママは出かけるけど」の「けど」がとても気になります。会話の中では「〜けど（だけど）」「〜が」という接続助詞がよく使われます。これらは通常、前半の言葉を後半で否定するときに使用される語句なので、後半の言葉が前半の言葉を否定していない場合、発達特性があるお子さんは、どう受け止めてよいのか混乱してしまうのです。

声かけポイント① やるべきことを正確に伝える

NG どっちでもいいよ。

OK ママはこっちがいいと思うな。

「どっちでもいいよ」という言葉は、自由度が高すぎて発達特性があるお子さんにとっては混乱しやすいNGワードのひとつです。
「文字通りに受け止める」というのが、発達特性があるお子さんの考え方の基本なので、「どっちでもいい」と言われると、「どうでもいいの？」「何でもいいの？」「興味がないの？」と、親御さんが意図していない方向に意識が逸れてしまいます。

主語がない声かけもNGです。
「ママが」「パパが」「あなたが」と、主語をきちんと入れて話をしないと、誰が、誰に、何を伝えたいのかがわからなくて、お子さんは不安になります。

また、主語だけでなく、述語や目的語など、**すべての文言を正確に具体的に言い切ることを心がけましょう。**

声かけポイント① やるべきことを正確に伝える

NG あれ取って。

OK 棚の上にあるリモコンを取ってくれる？

「これ」「あれ」「それ」という指示詞は、具体的に何を指しているのか、発達特性があるお子さんには伝わりにくいので、できるだけ避けましょう。

お子さんの目の届く範囲にある「これ」「それ」はギリギリセーフとしても、「あれ」は完全にNGです。「あれ取って」以外でも、「あれやって」「あれどうした？」という使い方も同様に避けます。つい言ってしまったときは、すぐに具体的に何を指しているのか、伝え直しましょう。

代名詞の使い方にも注意します。

一人称の「私」はOKです。また、お子さんと２人で話しているときは、お子さんのことを二人称の「あなた」と呼んでも大丈夫です。一方、三人称の「彼（彼ら）」「彼女（彼女たち）」は、混乱を避けるために、できるだけ使わないようにしましょう。

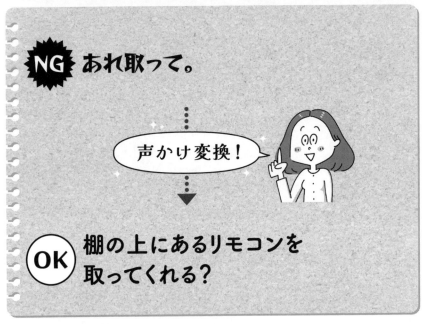

声かけポイント① やるべきことを正確に伝える

NG だから、
いつもおもちゃ出しっぱなしで!

OK 遊び終わったおもちゃは、
元にあったところに片づけてね。

言葉が途中で途切れると、発達特性があるお子さんは戸惑います。事例のような言い方であれば、そのあとに何かが続くと思ってしまいます。「出しっぱなしで何なのか」を具体的に伝えないと、お子さんはモヤモヤした気持ちになるばかりで、親御さんが望んでいる行動（片づける、など）にはつながりません。話し言葉であっても、**文章を完結させるよう心がけましょう。**

読点（、）をはさんで主語が変わることも、混乱を招きやすいので注意します。

たとえば、「今日は雨だから、ママは腰が痛いんだけど……」と言われても、発達特性があるお子さんは、ママは腰が痛いと何をしてほしいのか、何がどうなのかがわかりません。「雨が降るとママの腰が痛むので、一緒に遊べなくてごめんね」といった言葉に「声かけ変換」しましょう。

声かけポイント① やるべきことを正確に伝える

NG 静かにしなさい！

声かけ変換！

OK 電車の中では、声のボリュームを「1」にして話そうね。

いつも大きな声で話しがちなお子さんに、電車やバスに乗ったときだけ「声を小さくしなさい」と伝えても、お子さんはどうしたらいいのかわかりません。普段から、声のボリュームについて「1はこれくらい」「3はこれくらい」「5はこれくらい」ということで、**声の大きさを親子で共有しておきましょう。**そうすると、TPOに合わせて「今は1の声」「ここは5で大丈夫だよ」といった対応ができるようになります。

外出先でお子さんが大声でしゃべったり奇声をあげたりしたときに、「ホラ、周りの人が笑っているよ」「みんな見ているよ。恥ずかしいね」といった声かけはNGです。お子さんはその言葉を真に受けて、自分が周りから注目されていると思い、ますますハイテンションになりかねません。また、「どうして恥ずかしいのか」「どうすべきか」も伝わらないので、事態は改善しません。

声かけポイント① やるべきことを正確に伝える

NG ホラ！ 御礼は？！

声かけ変換！

OK 誰かに何かをしてもらったら、「ありがとう」って言おうね。

発達特性があるお子さんは、誰かに親切にしてもらったり、プレゼントをもらったりしても、相手の気持ちを慮って御礼や感謝を示す言動を起こすことが苦手ですから、相手の気持ちを考えて行動するように促すのは的外れで、「御礼を言いなさい」と叱っても理解できないお子さんがたくさんいます。

御礼を言うように伝えたいときは、**「何かをしてもらったら、とにかく『ありがとう』と言おうね」と普段から伝えておくのが得策です。**可能であれば「ありがとうございます」「うれしいです」といった言葉を実際に口に出して言う練習を、ご家庭で行なっておくのもいいでしょう。

感情や理屈抜きに、「ありがとう」と言ってペコリとお辞儀をする。それができるだけでも、社会との「摩擦」はずいぶんと抑えられると思います。

声かけポイント②
冷静さを保つ

感情をできるだけ抑えた論理的な言葉で話しましょう

お子さんが落ち着きなく動き回っていたり、急に大声を出したりすると、親御さんとしては、つい感情的な強い言葉で叱ってしまうと思います。

「冷静に対応しなければいけないことはわかっていても、それができないから困っているのよ」と思う親御さんも多いと思います。しかし、そうした親御さんの思いを解決するためにも、冷静な声かけが効果的に働くのです。

カッとなって叱っても、お子さんの不安をあおったり、怒りにつながったりするだけで、よいことはひとつもありません。そもそも、発達特性があるお子さんは、感情に関する理解が苦手なので、感情的な言葉をぶつけても、どうして親が怒っているのかが理解できていないこともしばしばです。

一方で、感情をできるだけ抑えた論理的な言葉をかけると、お子さんは納得して問題が解決しやすくなります。その結果、親御さんがイラ立つ場面も減り、お互いがラクになります。「冷静さを保つ」目的はそこにあります。

声かけポイント

- ☑感情的な声かけはしない。
- ☑情緒的な意味合いのある、わかりにくい言葉を使わない。
- ☑話し方のニュアンスやイントネーションで伝えようとしない。

関係する苦手脳

④他者の表情の理解
⑤他者の思考・感情の理解
⑥不安
⑦反応の抑制・選択

声かけポイント②　冷静さを保つ

NG　もう！ 勝手にしなさい！

OK　落ち着いたら教えてね。○○（名前）の好きなゲームを一緒にやろうよ。

何度注意してもお子さんが家の中で大声をあげて走り回るなどすると、親御さんとしては「もういい加減にして！」という思いから、「勝手にしなさい！」という言葉が思わず口から出てしまうことも多いでしょう。

しかし、この言葉は「火に油を注ぐ」ことにしかなりません。お子さんは「勝手にしなさい」＝「本当に勝手にしていい」と捉え、ますますヒートアップしてしまいます。

家の中であれば、お子さんが騒いでいても**騒いでいること自体には触れず、別に楽しいことが待っていることを伝える**と、お子さんの意識はそちらへ移り、落ち着きやすくなります。

声かけポイント② 冷静さを保つ

NG 大声で叫ばないで！（うるさい！）

OK この言葉（合言葉）を言ったら、必ず聞いてあげるね。

親の関心を引きたくて、「ねえ、聞いて、聞いて！」と大声で叫び、聞いてもらえるまで叫び続けるお子さんがいます。

こうした場合、「うるさい！」「大声を出さないで！」と叱っても、お子さん自身が納得するまでやめません。無視をしても余計に大声で叫びはじめるので、こうしたときは**「話を聞くときの約束事」をつくっておく**ことをおすすめします。

たとえば、「どうしても聞いてほしいときは、叫ぶのではなく、『聞いてちょんまげ』と言ってくれれば、必ず話を聞くよ」と伝えてみましょう（わが家の実例です）。

言葉のニュアンスがおもしろいので、お子さんはきっと興味を抱くでしょう。そして、実際に「ねえ、聞いてちょんまげ」とお子さんが言ったときは、必ず話を聞いてあげる約束を守れば、お子さんもむやみに大声を出さなくなると思います。

声かけポイント② 冷静さを保つ

NG どうして「ごめんなさい」が言えないの！

声かけ変換！

OK 何があったの？ どういうふうに考えたの？

お子さんが、棚の上の花瓶を落として割ってしまったとします。謝ろうとしないお子さんに対し、「どうして『ごめんなさい』が言えないの！」「『すみません』は？」と叱る前に、どうして花瓶を棚から落としてしまったのか、**まずはその状況を聞いてあげてください。**そして、謝れない理屈も聞いたうえで、お子さんに問題があったとすれば、「こういうときは謝る必要がある」ということを説明して納得させることが、お子さんの「社会性」の理解につながります。

いつもは大目に見ていることでも、親御さんが機嫌の悪いときについカッとなって怒鳴ってしまうということもあると思います。怒鳴った手前、引っ込みがつかなくなって、「いいから早く謝りなさい！」と、お子さんが謝るまで叱り続けることは厳禁。「イライラしていて、つい大きな声を出しちゃった」など、怒鳴ってしまった理由を、お子さんにきちんと説明してください。

声かけポイント② 冷静さを保つ

NG 宿題もせずに遊びに行く子なんて、いると思う？

声かけ変換！

OK 遊びに行ってもいいけど、
5時には帰ってきて、
夕食前に宿題を終わらせようね。

お子さんの考えに耳を傾けるような言葉を使いながら、実際には自分の言いたいことを強調するだけの「修辞疑問文的な声かけ」は、好ましくありません。お子さんは質問をされたと思い、「○○君も宿題しないで一緒に遊びに行くよ」と答えるでしょう。そうなると、親御さんもカチンときて、「屁理屈を言うんじゃない！」となり、絶対に遊びに行かせないという気持ちになりがちです。

一緒に遊ぶ友だちがいることは、大切なことです。そこを否定するのではなく、「遊びに行ってもいいけれど、宿題も大事だよ」と伝えるようにしましょう。

お子さんが何かに挑戦しようとしたとき、「誰がそんなことできると思う？」「そんなこと、できるんだっけ？」といった言葉もNGです。自己肯定感や実行機能（やりきる力）の低下につながり、挑戦することをあきらめる考え方が身についてしまいます。

声かけポイント③

内容ではなく骨組みを教える

叱るときは論理的に説明することが原則です

お子さんの言動を注意するときは、抽象的な一般論ではなく、具体的な言葉で伝えるようにします。

たとえば、お子さんがおやつを勝手に食べた弟に腹を立て、弟の頭を叩いたとします。このとき、「お兄ちゃんなんだから、弟を叩いたらダメ！」といった言葉で叱ると、お子さんは「悪いのは弟なのに、どうしてぼくが怒られるの？」と理解できずに、モヤモヤした気持ちだけが残ってしまいます。発達特性があるお子さんは気持ちの切り替えが苦手なので、自分の失敗や他者から受けた嫌な言葉をいつまでも引きずってしまい、より暴力的になる場合もあります。

「お兄ちゃんだからダメ」「叩いたらダメ」ではなく、「弟が悪いのは確かだけど、相手が間違ったことをしたからといって暴力を振るうのは絶対にダメ。話し合いで解決するようにしようね。それで解決できなかったら、ママやパパに相談してね。これは約束だよ」と伝えましょう。そうするとお子さんは納得し、再び同じようなことが起こったときに、また暴力を振るってしまうようなことは減ってくると思います。

声かけポイント

☑発達特性があるお子さんは、各論と総論、抽象論と具体論の切り替えが苦手。

☑一般論から各論に落とし込む。あるいは各論を一般論に上げる作業を一緒に行なう。

☑叱るときは論理的に説明する。

☑「なぜ（Why）」ではなく、「どのように・どうすれば（How）」を使う。

関係する苦手脳

⑥不安

⑦反応の抑制・選択

声かけポイント③　内容ではなく骨組みを教える

NG なんで、いつも忘れものをするの！

声かけ変換！

OK 寝る前にママと一緒にランドセルの中身をチェックしようね。

「なんでそんなことをするの？」「どうしてちゃんとできないの？」と問われると、お子さんは「純粋に理由を聞かれている」か「自分のことが否定されている」と受け止めます。

そもそも「なんで？」と聞かれても、「自分でもわからない。忘れものをする理由がわかっていたら、忘れものなんかしない」というのがお子さんのホンネで、解決策が見つからないまま、自己肯定感や実行機能（やりきる力）がどんどん下がってしまいます。

忘れものをしてしまうことを責めるのではなく、**忘れものをしないためにはどうしたらいいかを具体的に伝え、**いずれは一人でできるようにサポートしてあげることが大切です。

声かけポイント③　内容ではなく骨組みを教える

NG **勉強しなさい！**

声かけ変換！

OK **マンガで勉強してみるのも、いいものだよ。**

勉強に関心のないお子さんに「勉強しなさい！」と何回怒鳴っても、勉強するようにはなりません。勉強させようとするより、**勉強に興味を抱くきっかけを見つけてあげる**ことが先決です。

たとえば、「歴史なんか勉強しても意味がない」というお子さんには、歴史をテーマにした人気のマンガやアニメをすすめてみるのがよい方法です。架空の設定や演出が多少混ざっていたとしても、とにかく興味を抱けば、あとは放っておいても自分で学んでいきます。

歴史に限らず、インターネットで「勉強 やる気 マンガ」と検索してみると、いろいろな方法を紹介するページがありますので、参考にしてみてください。

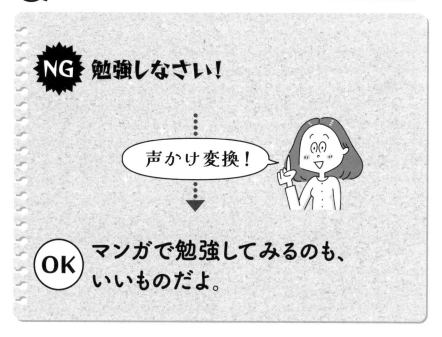

声かけポイント③　内容ではなく骨組みを教える

NG　**（テストで）またこんな点数とって！**

OK　**お疲れ様。**
よし、一緒に分析してみようか。

「こんな点数（不本意な点数）をとった」ことは、おそらくお子さん自身もよくわかっています。特に、一所懸命に勉強していたのに満足のいく結果が得られずに落ち込んでいるようなときに、傷口に塩を塗るような声かけはやめましょう。

まずは「お疲れ様」とねぎらいの言葉をかけて、そのあと、**どこに問題があったのかを親子で一緒に分析**します。

ケアレスミスが多いのであれば、「もっとゆっくり考えたらきっとできたよ」とか、漢字の書き間違いが多いなら「書き取りの新しいドリルに挑戦してみようか」といったポジティブな方向にお子さんの頭を切り替えられると、嫌がらずに取り組むようになると思います。

声かけポイント③　内容ではなく骨組みを教える

NG ウソをついたらダメ！

OK 本当は何を言いたいのか、
教えてくれる？

　ウソをつくのはよくないことだと教えることは、確かに必要です。しかし、「ウソはダメ！」と頭ごなしに否定されると、お子さんは口をつぐんでしまいます。やましいことがあってウソをついている場合は、それ以上責められたくないのでウソをつき通すでしょうし、ウソをつかなければならない理屈があったり、うまく説明できなくて結果的にウソをついてしまったりしている場合も、何も話したくない気持ちになると思います。

「ウソ＝悪」と決めつけて最初からお子さんを責めるのではなく、「本当は何を言おうと思っていたの？」と、**ウソの背後にある事実を聞いてあげる**と、思いがけないことが隠れていることもあります。

　うまく説明できなくても根気強く耳を傾け、「そうか。そういうことがあったんだね」と理解してあげると、説明や言語コミュニケーションの大切さをお子さんが知るきっかけにもなります。

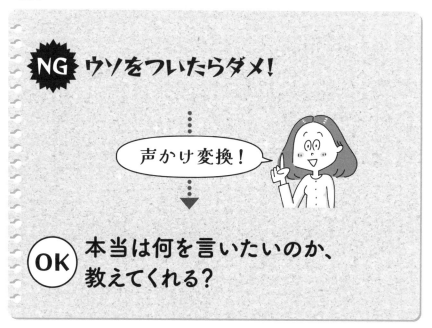

声かけポイント④

起こるかもしれない変化を説明して不安を減らす

初めて会う人や初めての場所、初めての状況などは事前に情報を伝えておきます

日常と異なる想定外のことが起こったり、イレギュラーなことを求められたりすると、発達特性があるお子さんは特に不安を抱きがちです。

たとえば、母親の友だちの家へ親子で初めて遊びに行ったとします。お子さんは初対面の相手に緊張し、出かける前から不安になり、乱暴や落ち着きのなさが出ているかもしれません。さらに、訪問先の家の中から「ワン、ワン」と子犬の鳴き声が聞こえてくるなどしたら、もう大変です。不安が限界を超えてパニックに陥り、その場から逃げ出してしまうかもしれません。

そうしたことにならないように、初めて会う人、初めての場所などへ連れて行く際は、お子さんが不安を感じそうな要素をすべて事前に伝えておくようにします。「ママの友だちは丸顔でショートカットのやさしい女の人だよ」「小さなワンちゃんがいて、

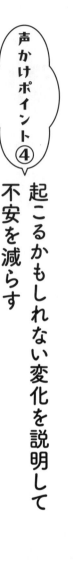

とってもかわいいの。なでなでしたり、抱っこしてあげたりすると喜ぶよ」と伝え、友人とワンちゃんが一緒に写っている写真なども見せてあげましょう。あらかじめ情報を伝えておけば心構えができ、変化にも対応できることが多くなります。

声かけポイント

- ☑「初めて」のことを体験させるときは、事前に情報を伝えておく。
- ☑起こり得る可能性のある変化を説明し、どうなるかわからないことを減らす。
- ☑お子さんが何かに不安を感じていたら、原因を本人に確認しサポートする。
- ☑お子さんが自分で決められないことは、丁寧に説明する。

関係する苦手脳

⑥不安
⑦反応の抑制・選択

声かけポイント④　起こるかもしれない変化を説明して不安を減らす

NG　雨がやんだら、公園に行こう。

OK　雨がやんだら公園に行って、雨がやまなかったら家の中で遊ぼうよ。

「雨がやんだら、公園へ行こう」と言われても、「じゃあ、雨がやまなかったらどうするの？」と不安を感じるお子さんがいます。

お子さんは決して「屁理屈」を言っているわけではなく、自分で決められないことや、ほかの可能性や選択肢があることを言われると混乱し、「雨がやんだときに公園へ行くのはわかったけど、雨がやまなかったときにどうなるのかを説明してもらっていない」という感覚になってしまうのです。

お子さん自身が「◯◯をしよう」と提案するときも、**それができなかった場合の別の可能性や選択肢もすべて伝える**ようにしましょう。

声かけポイント④　起こるかもしれない変化を説明して不安を減らす

NG
焼肉屋さんの予約がとれたら、焼肉を食べに行こう。

OK
焼肉屋さんの予約がとれたら焼肉を食べに行こう。焼肉の予約がとれなかったらお寿司、お寿司の予約がとれなかったら、デリバリーでピザを頼もうよ。

親御さんからすると、「なんでそんなに神経質なの！」と言いたくなるかもしれませんが、「なんで？」と聞かれても、お子さんは答えられません。**お子さんの不安要素をひとつずつ解決していくことが大切**です。「堂々巡り」になりそうなときは、終止符を打つ言葉を。

例

親「今日焼肉屋さんの予約がとれたら、焼肉に行こう」
子「とれなかったら？」
親「とれなかったら○○寿司を予約してみる」
子「その予約もとれなかったら？」
親「△△デリバリーでピザでも頼もうよ」
子「お休みだったり混んでたりしたら？」
親「大丈夫。そこまで考えなくていいよ」

声かけポイント⑤

子どもの感覚や欲求を把握して具体的な声かけをする

「内受容感覚」を鍛える生活を心がけてみましょう

発達特性があるお子さんが、カッとなってしまう背景には、「内受容感覚《ないじゅようかんかく》」の低下が関係していることが、脳科学的に明らかにされています。

内受容感覚は、自律神経などを調整している大脳辺縁系《だいのうへんえんけい》の領域でコントロールされています。大脳辺縁系の領域は、私たちが意識しないところで働いている部位で、寝ているときに心臓が動いていたり、呼吸が繰り返されていたりするのも、大脳辺縁系が無意識下で働いているおかげです。

大脳辺縁系の領域で調整されている内受容感覚が鈍ると、自らの心や体で起きていることや喜怒哀楽の感情への「気づき」が低下します。そのため、発達特性があるお子さんは、自分がどのくらいイライラしているのかに気づかないまま、突発的に暴力行為に出てしまうと推測できます。

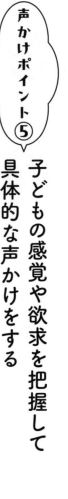

他者への暴力だけでなく、内受容感覚が低下すると、自分の体の疲れや空腹、さらには五感（視覚・聴覚・嗅覚・味覚・触覚）の感度も落ちるため、疲労や空腹感、寒さ・暑さに気づかずに突然具合が悪くなってしまうようなことがあります。本人が何も言わなくても、絶えず声をかけてお子さんの様子に目配り・心配りするとともに、内受容感覚を鍛える生活を心がけることが大切です。内受容感覚を鍛えると、想定外のことに対する不安がやわらいだり、他者の感情への理解も深まったりします。

声かけポイント

☑感覚を数値化し、どうすべきかを具体的に伝える。

関係する苦手脳

②ゴールの選択
⑤他者の思考・感情の理解
⑥不安
⑦反応の抑制・選択

声かけポイント⑤　子どもの感覚や欲求を把握して具体的な声かけをする

NG 真夏になんでそんなセーター着てるの！

OK 今日は暑いからもう少し涼しそうな服を着て、大好きなおばあちゃんに会いに行こう。

発達特性があるお子さんの中には、季節感のない服を着ているケースがよくあります。気温が35℃を超える猛暑日なのに、厚手のセーターを着て出かけようとするお子さんを見て、親御さんが驚いて声をあげてしまうようなことも珍しくありません。

特に屋外に出ることをあまり好まないお子さんは、外の気温や季節の変化に関心がなく、気温変動の少ない屋内で過ごすことが多いため、寒さや暑さを感じにくくなっている可能性もあります（「外向きの感覚＝外受容感覚」の鈍麻《どんま》）。外受容感覚を機能させるには、**屋外へ出かける機会を増やす**ことが大切です。不安の強いお子さんは外出を嫌うでしょうが、よく行く近所の公園や祖父母の家、あるいは自宅の庭やベランダに出るだけでも、季節を感じることはできます。

毎日同じような時間帯に一緒に散歩をする習慣をつけるのも、理想的な方法のひとつです。

声かけポイント⑤　子どもの感覚や欲求を把握して具体的な声かけをする

NG お腹すいたんじゃない？

声かけ変換！

OK 5分の1くらいお腹がすいたから、
おにぎりをひとつずつ
一緒に食べようか。

「暑い」「寒い」といった外向きの感覚（外受容感覚）が鈍ると、「お腹がすいた」「疲れた」「眠い」「体調が悪い」「イライラする」といった内向きの感覚（内受容感覚）も鈍化しやすくなります。

お子さんの「内受容感覚」が鈍っていると自分の体調不良にも気づかず、あわてて医療機関へ駆け込むような事態にもなりかねません。お子さんがイライラしているように見えるときでも、お子さん自身は自分のイライラに気づいていないこともあります。

「外受容感覚」を高めると同時に、お子さんのお腹のすき具合や睡眠時間、疲労感などの内受容感覚にも気を配ります。「お腹すいてない？」と聞いても「すいてない」と答えることも多いので、朝昼晩の３食以外に、「おにぎりをひとつずつ食べようか？」といった声かけをしてみましょう。さらに具体的に「５分の１くらいお腹がすいたから」といった言葉を加えると、お子さんは納得しやすいと思います。

声かけポイント⑤　子どもの感覚や欲求を把握して具体的な声かけをする

NG 家にばかりいないで、外で遊んできなさい！

OK 夕方の散歩、ママと一緒につき合ってほしいな。

「外受容感覚」と「内受容感覚」を高めるには、屋外へ出て刺激を受けることが大切だというお話をしました。しかし、発達特性があるお子さんは、外に出て知らない人に会ったり、予想していないことが起こったりすることへの「恐怖」があるので、「外に出たくない」と言い張る場合もあると思います。そんなときは、**親御さんがやることに「協力してくれない？」といった声かけをする**のも一案です。

たとえば、「ママちょっと運動不足だから、毎日夕方に散歩をすることにしたの。ママ一人だと長続きしそうもないから、○○ちゃんも一緒につき合ってほしいな」と頼んでみましょう。

近隣を散歩するだけでも気持ちが外に向いて、外受容感覚と内受容感覚を整えるうえで有効です。定期的に散歩をすることが難しいご家庭なら、時おり整体院などでマッサージを受けるなどして、体の外からの感覚を体の中に入れてあげることもおすすめです。

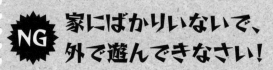

声かけポイント⑤　子どもの感覚や欲求を把握して具体的な声かけをする

NG なぜすぐに乱暴するの！

OK ママと一緒にマッサージに行ってみようよ。

発達特性があるお子さんが、急にカッとなってお友だちに手を出してしまうようなことも、「内受容感覚」の鈍化が関係している場合があります。

親御さんにとっては、園や小学校に何度も呼び出されたり、相手のお子さんや親御さんに謝罪したりすることになり、「なんでそんなことをするの！」と感情的に叱ってしまうこともあるでしょう。お気持ちはよくわかります。

ただ、お子さんを問い詰めても解決にはつながらないので、「これは内受容感覚が鈍っているせいかも？」と頭を切り替え、**「疲れ」や「空腹」の感覚に自覚的になることを促すような「内受容感覚の練習」をしてみてください。**

通常、すぐにカッとなる特性は、18～20歳までの間には比較的落ち着いてくるようです。

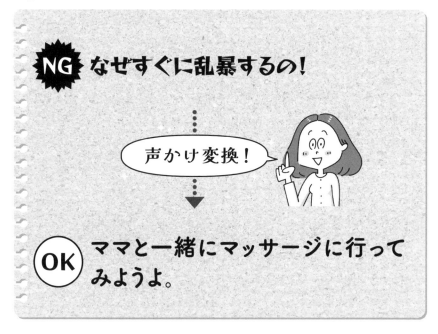

声かけポイント⑥

努力すれば報われることを教える

がんばった先には「ご褒美」が待っていることを伝えましょう

目標を立て、そこに向かって努力して達成する、という経験を重ねることが、お子さんの脳機能の発達を促し、自己肯定感や実行機能も高めます。努力するといっても、できないことを無理にさせるのではなく、ちょっとがんばれば達成できることから始めます。ハラハラするような大冒険は不安がいっぱいで難しくても、ワクワクするチャレンジならできるかもしれない。そして、ワクワクするチャレンジをひとつずつ積み重ねていったら、大冒険もできるようになっていく――そんな形が理想です。

不安の強いお子さんの場合は、最初の一歩を踏み出すことがなかなか難しいかもしれません。そうしたときは、がんばった先にうれしい「ご褒美《ほうび》」が待っていることを伝えます。ご褒美の内容は、モノやお小遣いでも構いませんが、「これできたら、ママ本当にうれしいな」「パパ、驚いて飛び上がって喜んでくれるよ」といった声かけでも、充分に効果があると思います。
大切なのは、目標に向かって努力すると〝必ず報われる〟ということをお子さんが実感することです。具体的に何をがんばったから何が達成できたのか、その因果関係を毎回丁寧に伝えましょう。そうすると、実行機能の向上とともに、自己肯定感もどんどん高まっていきます。

声かけポイント

- 何をがんばったら何が達成できたか、その因果関係を伝える。
- 達成できるまでのプロセスも言葉で伝える。

関係する苦手脳

①注意
②ゴールの選択
③作動記憶
⑦反応の抑制・選択

声かけポイント⑥　努力すれば報われることを教える

NG そんなにお菓子ばっかり食べて！

声かけ変換！

OK 今はお菓子を我慢して、1時間後に夕食を食べたら、大好きなハンバーグがすごくおいしく食べられるよ。

「内受容感覚」の鈍化の影響で、食べすぎや寝そべってばかりのお子さんもいます。袋菓子を、親御さんが止めるまでずっと食べ続けていたり、ゴロゴロしながらテレビを見て寝そべってばかりいたりする、といった相談を受けることがよくあります。

そうした場合に、「食べるな」「寝るな」と伝えるだけでは、状況は改善しません。こうしたときは、**「努力をすれば報われる」方式で声をかける**ことをおすすめします。

「寝そべってばかりいないで、座って一緒にゲームをやろうよ」「食べるのをやめて、トランポリンで遊ぼう！」など、お子さんが好きな「別のこと」に意識を向けさせます。「食べてばかり、寝てばかりを変える努力をすれば、別の形で報われる」という提案をするのです。そうしたことを続けていると、外受容感覚とともに内受容感覚も高まってきて、好ましくない生活習慣の改善につながっていきます。

声かけポイント⑥　努力すれば報われることを教える

NG さっさとお風呂に入りなさい！

OK お風呂から上がったら、アイスを食べよう。

ゲームなどに夢中になり、いつまでもお風呂に入ろうとしないようなときも、入浴を済ませばいいことがあることを伝えましょう。「お風呂に入る前にアイスを食べる」と言っても、「それはダメです」とはっきり伝え、「お風呂から上がったあとのほうが絶対においしいよ。ママも一緒に食べたいから、お風呂入ってきて」と伝えます。

努力に対してご褒美を与えることに、抵抗感を抱く親御さんもいらっしゃると思います。「ご褒美がないと努力しない人間になるのでは？」と心配されるからでしょう。もちろん、過大なご褒美を毎日たくさん渡すようなことは避けたほうがよいと思います。しかし、「努力しても報われない」と教えることの不健全さのほうが問題です。

お子さんの努力に対して言葉でたくさん褒めてあげたり、脳機能の発達を促すトレーニング（PART３参照）へさりげなく導いてあげたりするようなご褒美を優先するのがよいでしょう。

声かけポイント⑦

やるべきことの優先順位を親子で共有する

お子さんが優先順位をつける手助けをしてあげましょう

発達特性があるお子さんは、ひとつのことに熱中すると驚くほどの集中力を発揮します。一方で、やらなければいけないことがたくさんあると混乱し、一気にパフォーマンスが低下します。これは、先を見通してやるべきことの優先順位をつけるのが苦手なためです。

だからといって、見かねた親御さんが一方的に優先順位を決め、お子さんにやらせようとしてもなかなかうまくいかないものです。なぜなら、お子さんは優先順位をつけるのが苦手なだけで、潜在的な優先順位が自分の中にあるからです。

大切なのは、親子で「優先順位のいちばん高いものは何か」「2番目は何か」とひとつずつ確認し、お子さんも納得したうえで優先順位を決めること。たとえば、ピアノの発表会が間近で練習していたら、友だちから電話が来て遊びに誘われたとします。お子さんがどうしようかと混乱していたら、今自分にとって何がいちばん大切かを分析する手助けをしてあげましょう。ピアノの発表会に向けて練習すること、友だちとの関係を良好に保つこと、それぞれのメリットとデメリットを一緒に分析してあげると、お子さん自身が優先順位をつけやすくなります。

子どもの頃からこうした練習をしておくと、優先順位を決められないことで生じる、社会に出てからの困りごとを減らすうえでも役立ちます。

声かけポイント

☑親子の間で分析手段が共通であることが原則。

関係する苦手脳

①注意
②ゴールの選択
③作動記憶

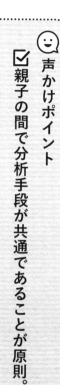

声かけポイント⑦　やるべきことの優先順位を親子で共有する

NG 遊ぶのは宿題が終わってから！

OK 宿題を先に終わらせちゃうことのほうがママは大事だと思うけれど、○○（名前）はどう思う？

学校から帰ってくると、いつも弟と走り回って遊んでいるお子さんがいました。宿題をするのが夕食後になって入浴や就寝時間にも影響するようになったため、「遊ぶのは宿題を終えてから」と伝えたものの、効果はありませんでした。

そこで親御さんが、上記のように「声かけ変換」をして尋ねると、「ぼくは思い切り走り回ったあとのほうが宿題に集中できるの」と答えたそうです。親御さんは納得し、「じゃあ、走り回って遊んでもいいから、４時になったら宿題をして、夕食の前に終わらせることはできる？」と伝えたところ、お子さんも納得して、その後は遊びと宿題を上手に行なうようになったそうです。

優先順位を話し合っても状況に改善が見られない場合は、もう一度しっかり見直す必要があります。**「実行できなかった理屈や原因は何か」を親子で共有し、実践できる方法を考えましょう。**

声かけポイント⑦　やるべきことの優先順位を親子で共有する

NG 明日算数のテストなのに、なんで作文書いてるの？

声かけ変換！

OK 勉強を始める前に、今日やることの順番を一緒に考えて整理しよう。

複数の「やるべきこと」を順序立てて行なうことが苦手なお子さんに対しては、宿題や勉強を始める前に、**優先順位を親御さんが一緒に考えてあげる**とよいでしょう。

たとえば、明日は算数のテストがある。でも、国語の授業で作文も書かないといけない。おまけに週末には少年野球の試合もあるのに練習ができていない！　そんなことでお子さんが混乱していたら、「算数のテストは明日だよね。国語の作文は明日学校で書けばいいよね。野球の試合は週末だから、まだ時間があるよ。じゃあ、今はどれをやるのが合理的だと思う？」と聞いて、本人の気づきを促します。「算数の勉強！」と納得できれば混乱も少しは解消でき、お子さんも算数の勉強に集中できるでしょう。

こうしたことを繰り返すうちに、優先順位をつけるための頭の中の整理の仕方を、お子さんは自分で少しずつ身につけていきます。

声かけポイント⑧

大切なことは文章で情報交換する

聴覚よりも視覚に訴えるほうが理解しやすくなります

発達特性がある人の中には、人とコミュニケーションを図るとき、面と向かって会話するよりも、メールやSNSなどの文書でやりとりするほうが、「得意であり、ストレスがない」と感じる人が結構いらっしゃいます。特にASD特性がある人は、言葉を聴覚で捉えるよりも、文章を視覚で捉えるほうが理解しやすいと言われています。また、前節で紹介した「やるべきことの優先順位をつけることが苦手」なADHD傾向のお子さんも、頭の中を整理するうえで視覚化することはとても有効です。

親子で大切なやりとりをするときも、文章や図を示しながら声かけすることをおすすめします。文章で情報交換する際、スマートフォンやタブレットを使っても構いませんが、紙のメモ帳やカレンダーなどに書き出すと、お子さんがいつでも目にすることができて、さらに便利です。

声かけポイント

☑視覚情報のほうが理解しやすい。

☑文字にするときは、きちんとした文章を書く。

関係する苦手脳

①〜⑦には該当しません

視覚を司る「後頭葉」

聴覚を司る「側頭葉」

声かけポイント⑧　大切なことは文章で情報交換する

NG　必要なもの、全部持った？

OK　忘れものがないように、必要なものは紙に書き出しておこうね。

忘れものが多いお子さんに、出がけに「忘れものはない？」「必要なもの、全部持った？」と聞いても仕方がありません。本人はそこに注力できないから忘れものをしてしまうのです。

前日の夜に一緒にランドセルに入れるものをチェックすることが大切ですが、このとき「忘れてはいけないもの」（持って行くもの）を紙に書き出しておくと、「忘れもの問題」はかなり解決できます。「ノート」「筆箱」「給食袋」など、毎日必要なものに加え、「教科書」「副教材」はその日の時間割で使うものが入っているか、教科書類以外のリコーダーや習字道具、体操服なども忘れていないか、一つひとつ確認します。

毎晩こうした確認作業につき合うのは正直大変だと思いますが、**小学校低学年のうちにこうした習慣を身につけておくと、その後の人生にも大きく役立ちます。**

声かけポイント⑧　大切なことは文章で情報交換する

NG 靴はちゃんと揃えて脱ぎなさい！

声かけ変換！

OK 靴の形のシールを貼ったから、
このシールに合わせて
靴を置けたらスゴイよ。

聴覚（聞くこと）よりも視覚（見ること）に訴えかけたほうが、発達特性があるお子さんは脳にインプットしやすいという意味では、文章だけでなく、図表や絵などを使うのもよい方法です。

靴が揃えられないようなケースでは、市販の靴置きステッカーなどを玄関の床面に貼ると、お子さんは面白がってそこに合わせて靴を置くようになります。

また、洋服や下着、靴下などを、自分で用意できないお子さんには、どの引き出しに何が入っているかがひと目でわかるように、文字で書いた紙を貼ったり、写真を貼ったりするのもおすすめです。

声かけポイント⑧　大切なことは文章で情報交換する

NG　**受験でしょ！　部活やら遊びやら、そんなヒマあるの？！**

OK　**それぞれのいいこと（メリット）と悪いこと（デメリット）を書き出して、一緒に考えてみようか？**

先に紹介した「やるべきことに優先順位をつける」とき、**やるべきこと自体と、それぞれのメリット・デメリットを紙に書き出して、お子さんの視覚に訴えながら声かけをする**と、お子さんが「今自分にとって何が大切か」を理解するうえで、とても効果的です。

優先順位を決めましょう！

★受験生の視点で考えると……

①受験勉強
- メリット　：勉強が進み志望校合格が近づく
- デメリット：長時間続けるとキツイ

②部活をがんばる
- メリット　：ストレス発散になる
- デメリット：疲れて寝てしまう

★Aさん（友だち・部活仲間）の友だちの視点で考えると……

①Aさんと遊びに行く
- メリット　：Aさんと仲良くなれる
- デメリット：ほかの友だちと遊べない

②部活をがんばる
- メリット　：Aさんと一緒の時間を共有できる
- デメリット：勝ち負けなどで険悪になるかもしれない

声かけポイント⑧　大切なことは文章で情報交換する

NG ムダづかいしちゃ、ダメじゃない！

声かけ変換！

OK おやつに使うお金を減らしたら、お金も貯まるしダイエットにもなって、一石二鳥だと思うな。

お小遣いを渡すと、渡した分だけ無計画に使ってしまうようなお子さんには、**お金の使い道について話し合い、数字や図で「見える化」する**ことをおすすめします。

たとえば、毎月一定額のお小遣いを渡しているご家庭なら、前月の出費した用途を「おやつ」「趣味」「友だちとの交際費」などに分け、円グラフなどで表してみます。そうすると、お子さんがどのようなことにお小遣いを多く使っているのかがわかります。

それを親子で一緒に見ながら、「おやつ」に余分なお金を費やしている場合は、「このおやつの分を少し減らしたら、別のことにお金が回せるし、やせたいという悩みも解決するんじゃない？」といった感じで説明すると、お子さんも納得しやすくなると思います（おやつを買いすぎてしまう理屈が別にあるようなら、それも聞き出して対応してください）。

声かけポイント⑨ ダメなことは総体的にダメと理解させる

衝動性の強いお子さんには細やかな声かけが必要です

友だちや周囲の人に対して不満があると、すぐにイラついて叩いてしまうお子さんがいます。親御さんが「腹が立っても人を叩くのは絶対にダメ！」と教え、本人も納得したようなので安心していたところ、今度はクラスメートを足で蹴ってケガをさせたという連絡を受け、大変なショックを受けたというようなお話を聞くことが少なくありません。

親御さんとしては、「叩くのはダメ」と教えれば、「暴力全般がいけないこと」だと子どもも理解していると思いがちです。しかし、叩くことと蹴ることが、同じ暴力であることを理解することが難しいお子さんも結構いて、「叩く」ことがダメなら、「蹴る」ことにしようと考えてしまうのです。これは、お子さんが悪いわけではありません。そういう特性があるということなのです。

衝動性の強いお子さんには、細やかな声かけが大切です。

「叩いたらダメというのは、叩く以外の蹴るなどの乱暴な行為も含んでいるの」「相手が痛がったり、嫌な思いをしたりすることはいけないことなんだよ」「自分が『腹が立っている』と気づいたら、すぐに家に帰ってきて」といった感じで、幼い頃から根気強く伝え続けることが大切です。

声かけポイント

☑「何がダメか（not）」ではなく、「何をすればいいか（do）」を伝える。

☑深追いをするときりがないので、「これはダメ、これはいい」の例外を認めない。

関係する苦手脳

⑦反応の抑制・選択

声かけポイント⑨　ダメなことは総体的にダメと理解させる

NG お友だちを叩いたりしたら
ダメじゃない！

OK 人にやさしくすることが、
いちばんかっこいいよ。

発達障害のひとつの特性として、衝動的な言動がつい現れてしまうお子さんがいます。そうした子に対して、「それはダメ」「これもダメ」と否定ばかり押しつけても、かえってヒートアップしてしまうばかりで、望ましい方向に導くことが難しくなります。

むしろ、「本当に強くてかっこいいヒーローは、誰にでもやさしい人のことなんだよ」と伝えると、お子さんは「えっ？　そうなの？」と思い直すきっかけとなります。**お子さんがリスペクトしているマンガやアニメの主人公などを引き合いに出して譬《たと》える**と、より実感を持って伝えることができるでしょう。

声かけポイント⑨　ダメなことは総体的にダメと理解させる

NG 本を踏んだり投げたりしてはいけません。

OK 壊れやすいものや大切なものは丁寧に扱おうね。

ADHDの特性があるお子さんは、身の回りのモノを雑に扱ってしまう傾向があります。本や教科書を足で踏むようなこともありますが、そうしたときに「本は足で踏んではいけない」と伝えても、なぜ踏んではいけないのかを理解することが困難です。

このとき大切なのは、「～はダメ」という否定ではなく、「本や教科書のように大切なものは手で扱おうね」と**論理的に説明すること**です。

お子さんが「屁理屈」のように「サッカーボールは大事じゃないの？」と聞いてきたら、「サッカーボールは蹴って競うスポーツのためのものなので、足で踏んでも蹴っても構わない」と伝えましょう。それでも「なんで？　なんで？」と続くようであれば、理屈なしに「サッカーボールはいいの」「◯◯は構わないんだよ」と答え、そこでおしまいにします。

声かけポイント⑩

自分の立てた目標をひとつずつ達成させる

ひとつのことに集中して取り組ませるほうがよい結果につながります

お子さんの成績を心配し、「毎日ちゃんと5科目勉強しなさい」と伝えている親御さんも結構いらっしゃるのではないでしょうか？

お子さんが困難を感じることなく対応できていれば問題ありません。一方で、発達特性があるお子さんは、ひとつのことに集中して取り組んだあと、次の別の作業に取り組むことになると、いったん注意力がぐんと落ちて、再び集中するまでに時間と労力を要する傾向があります。

そうしたお子さんの場合は、毎日5科目勉強するよりも、1日1～2科目だけ勉強するようにしたほうが効率よく進み、学習内容が身につきやすいこともあります。

勉強に限らず、お子さんがひとつのことに没頭している間は邪魔しないようにし、本人が自分の目標を達成したと感じたタイミングで、「ちょっと休憩したら？」といった声をかけるのが望ましいでしょう。
おやつを食べたり、ゲームで遊んだりして「勉強脳」を休ませ、その後、本人が次の新しいことに取り組みたいという意欲を示したら、次の行動に取り組ませるとよいでしょう。

声かけポイント

- ☑ 一度にたくさんのことではなく、ひとつのことへの集中を促す。
- ☑ 何かに没頭している間は邪魔をしない。
- ☑ 何かうまくいっていることがあれば、その理屈（秘訣）を尋ねてみる。

関係する苦手脳

①注意
②ゴールの選択
⑦反応の抑制・選択

声かけポイント⑩　自分の立てた目標をひとつずつ達成させる

NG ごはんよ！
プラモデルはいったんやめて！

OK ○○（名前）がひと息つけるところまでプラモデルができたら、ごはんにしようか。

お子さんが何かに夢中になっているときに、「ごはんができたから食べよう」と声をかけることは、普通にあると思います。しかし、発達特性があるお子さんが夢中で取り組んでいるときは、可能な範囲で、**本人が納得するまで待ってあげる**ことが望まれます。

発達特性があるお子さんは、一度集中力が切れると、再び同じレベルの集中力を取り戻すまでに時間がかかります。ですから、「ごはんよ」と声をかけても気づかないほど熱中しているときは、「それが終わったら、ごはんにしようね」という声かけをして、納得がいくまで続けさせてあげてください。

ただし、あまりにも熱中しすぎて、空腹にも気づかずに時間を忘れて続けているときは、「おなかグーッて鳴ってない？　グーッて鳴ってたら、ごはんを食べる合図だよ」と伝え、食卓につくよう促しましょう。

声かけポイント⑩　自分の立てた目標をひとつずつ達成させる

NG **宿題手伝ってあげるから、学校には行って。**

OK **明日学校に行くために「宿題手伝って」と言うなら、手伝ってあげるよ。**

お子さんが「宿題を手伝ってくれないと、明日から学校に行かない！」と言い出したとします。親としては、「何を言っているんだ」と考えることが多いと思います。お子さんの将来を考えるなら、簡単に手助けすることは避けたいものです。

私個人は宿題というものをそれほど重視していないのですが、宿題をやりきることもひとつの目標達成につながるのは確かです。やり終えたという達成感が得られ、それを親御さんから褒められたら、**自己肯定感と実行機能（やりきる力）の向上**にもつながります。

一方、宿題に自力で取り組むことを最初から放棄して、なおかつ「助けてくれないなら学校へ行かない」という交渉まで受け入れてしまっていたら、お子さんの自立を妨げることになりかねません。「助けが必要なら、『宿題を一緒に考えてほしい』って言えばいいんだよ」と伝えましょう。

声かけポイント⑪

正解がない質問に対しては向き合わない

「ならぬことはならぬ」という強制終了が必要な場合もあります

子どもは好奇心のかたまりです。そのため、親に「なんで？　どうして？」とよく質問します。１＋１は2といった正解のある質問に対しては、できるだけ答えてあげることが望ましいのですが、不安の強いお子さんは、親が答えても答えても、その答えに対する質問を返してくることがあります。あるいは、小学校高学年になると、「自分は何のために生まれてきたのか？」といった哲学的な問いかけをしてくる子どももいます。

お子さんの「正解がない質問」にいつまでもつき合っているときりがありません。ですから、ある程度答えたら、あとは「ならぬことはならぬ」の態度で会話を打ち切りましょう。たとえば、「どうしてごはんの前に甘いものを食べちゃダメなの？」と聞かれて、「甘いものを食べると食事をしっかり摂れなくなるからよ」と答えたら、今度は「お米もでんぷんだから糖だよ。砂糖もお米も同じじゃない？」と返してきたとします。こうなると押し問答になるのは必至なので「ダメなものはダメ。食事の前に甘いものを食べたらダメ。ハイ、おしまい」と強制終了しましょう。

ただし、強制終了する際の注意点として、「それが世の中では当たり前（常識）だから」という言葉を使うのはNGです。発達特性があるお子さんにとっては、「当たり前」「常識」というあいまいな言葉は理解しづらいので、余計に不安が増します。

階段を上り下りする過程で、「もう行き止まりだよ」といった感じで打ち止めにするのがポイントです。

声かけポイント

- ☑子どもの「なんで？」に一定以上の理由を説明しない。
- ☑「ならぬものはならぬ」という態度で、際限のない質問や会話は強制終了する。

関係する苦手脳

⑥不安

声かけポイント⑪　正解がない質問に対しては向き合わない

NG なぜダメかって？
それが常識だからよ！

声かけ変換！

OK ダメなものはダメ。
それがわが家のルールだよ。

お子さんの「なんで？」「どうして？」に途中でストップをかけると、今度は「なんで答えてくれないの？」「なんで？」「なんで？」と畳みかけてくることもあります。

このとき、「そんなにしつこく聞いてきたら、誰だって答えたくなくなるよ！」といった一般論や常識を伝えても、お子さんは納得できないと思います。

子どもの「なんで？攻撃」を止めるには、「ダメなものはダメ。それがわが家のルールだよ。はい、おしまい！」と、**ピシャリと伝える**ことが肝心です。「わが家のルール」と言われると、お子さんは「ああ、そうなんだ」「従わないと仕方ない」と納得し、次第に質問攻めをやめると思います。

声かけポイント⑪　正解がない質問に対しては向き合わない

NG　ごはんのときはテレビを見ちゃダメ。おばあちゃんの家でもそうしてるでしょ！

声かけ変換！

OK　ごはんのときはテレビを消すのも、わが家のルール！

お子さんが大好きなテレビ番組の時間と、食事のタイミングが重なった場合、「ごはんだからテレビ消してね」と伝えると、お子さんはかなりごねると思います。「なんでテレビ消さなきゃいけないの？」と大声で訴えてくることもあるでしょう。

しかし、一度でも特例を許すと、そのまま「ズルズルの基準」になりがちなので、食事のときはテレビを消すと一度決めたら、**断固として貫く**ことが大切です。

このとき、親御さんが「おばあちゃんの家でもそうしてるでしょ！」といった声かけをすると、お子さんは「○○君のおうちでは、テレビ見ながらごはん食べているって言ってたよ」と反論してくるかもしれません。

しかし、そうした場合でも、「よその家のことは関係ないの。これはわが家のルールなんだよ」と一刀両断に対応します。

声かけポイント⑫

できることに集中させ、できないことで悩ませない

「自分が今すること」と「自分が将来すること」に集中させます

発達特性があるお子さんに限らず、人は誰でも生きていると、何かに挑戦して失敗したり、他人から批判されたり、悪いうわさを流されたりなど、いろいろなネガティブな出来事に遭遇します。しかし、それをずっと引きずって思い悩んでいると、ネガティブな要素がどんどん積み重なって、やがて一歩も前に進めなくなります。

たとえば、私が診療したお子さんたちからは、次のような言葉が聞かれています。

「試験を受けたけれど、落ちたのではないかと思って混乱している」

「友だちの前で転んでしまって、みんなからどう思われたかわからなくて怖い」

「小学2年のときに、授業中におならをして笑われたことが恥ずかしくて今も苦しい」

こうした苦しさの原因となる事象は、いずれも「自分でなんとかできる範囲」を超えています。

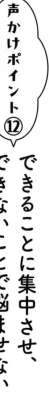

そこで私は、「自分の過去や他人のことは、いくら思い悩んでも解決できないよ」と伝え、どうしても頭に浮かんできてしまうときは「もういいや、どうにでもなれ!」とおまじないのように頭の中で唱えるよう伝えました。そうしたことを繰り返していると、「自分ではどうにもできないこと」に捉われにくくなっていきます。

生きていくうえで、「自分でなんとかできること」は実は限られていて、「自分が今すること」と「自分が将来すること」の2つしかありません。お子さんの意識をこの2つに集中させて、他のネガティブな要素に注意が向きすぎないようにすることが大切です。

声かけポイント

☑人の評価や過去のことは「もう考えなくていい」と伝える。

☑「自分が今すること」と「自分が将来すること」に集中させる。

関係する苦手脳

②注意

声かけポイント⑫　できることに集中させ、できないことで悩ませない

NG　本当に気が弱い子なんだから……。

OK　よくがんばってるとママは思ってるよ！

人と話したり、授業中に挙手して発表したりするのが苦手だと、「気が弱い＝ダメ」と考えてしまう親御さんがいらっしゃいます。考えるだけでなく、お子さんに向かって口に出して否定的な言葉を投げかけてしまう場面も見られます。

お子さんとしては、「気が弱い」と言われても、**生まれ持った性格ですから直しようがありませんし、直す必要もない**と、私は思います。

そのままのお子さんを受け入れ、気遣いができて心がとても繊細であることをむしろ自慢に思い、困りごとがいろいろあっても一所懸命にがんばっていることを、具体的な言葉で褒めてあげましょう。

他人から何を言われようが、親からはちゃんと認められていると認識しているお子さんは自己肯定感が高く、実行機能（やりきる力）も自然と向上していきます。

声かけポイント⑫　できることに集中させ、できないことで悩ませない

NG 好き嫌いしないで、何でも食べなさい！

OK 嫌いなものを無理して食べなくても、栄養は充分に摂れているから大丈夫！

発達特性があるお子さんは、ものごとの好き嫌いが顕著になる傾向があります。食事に関しても、薬味のネギをひとつ残らず取り除いてからうどんやそばを食べはじめるなど、嫌いな食べ物は徹底的に口にしないお子さんがいます。

ひと昔前まで、そうしたお子さんは、学校給食で嫌いなものが食べられないたびに、給食時間が終わっても食べ切るまで食べさせられるといった、理不尽な状況に置かれていました。

ニンジンを食べなくても、ピーマンを食べなくても、薬味のネギをひとつ残らず避けてうどんを食べても、今の日本の栄養環境で、お子さんの体に悪影響を及ぼすことは、ほぼありません。

食べ物の好き嫌いに関しては、「嫌いなものは食べさせなくてもいいですし、好き嫌いを克服する必要もまったくないですよ」と、私はいつも親御さんにお話ししています。

声かけポイント⑬

「負のらせん階段」を一緒に下りない

献身的に寄り添うことが逆効果になる場合もあります

私たちは常に「良いこと」も「悪いこと」も考えています。しかし、時に「良いこと」を捨てて、「悪いこと」ばかりを連鎖的に考え続けてしまうことがあります。

不安の強いお子さんは、ネガティブな思考に陥りがちです。「大きな地震が起こったらどうしよう」→「その地震で大ケガをしたらどうしよう」と連鎖的に「悪いこと」ばかりを考えてしまい、苦しい思いをしているお子さんが結構います。

このように悪い可能性や考えだけを選択し、そこを足掛かりにさらに悪い可能性や考えの深みにはまっていくことを、「負のらせん階段」と私は呼んでいます。

親御さんの中には、そうしたお子さんに献身的に寄り添い、一つひとつの不安を解きほぐしてあげようとがんばっている方もいらっしゃいます。そうした親御さんの熱意と愛情には敬意を表しますが、「負のらせん階段」を下りているお子さんに対して、もっとも好ましくない対応は「親が一緒に『負のらせん階段』を下りてしまうこと」です。ネガティブな思いで苦しんでいるお子さんを助けようとする行為が、逆にネガティブを増長する手伝いをしてしまっている側面があるのです。

「負のらせん階段」を下りているお子さんに対しては、話をしっかり聞いてあげても、親までネガティブにならないことが原則です。お子さんの不安を笑い話に転化したり、「何があってもママとパパが助けるから大丈夫！」と伝えたりして、お子さんの注意を別の方向に切り替えるのが秘訣です。

声かけポイント

- **話は聞くが、ネガティブな考えに共感しない。**
- **お子さんの注意を別の方向に切り替える。**

関係する苦手脳

①注意
⑥不安

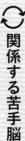

声かけポイント⑬　「負のらせん階段」を一緒に下りない

NG　**あなたの不安な気持ち、ママもよくわかるよ。**

OK　**何か起こったときは、そのとき考えよう。**

　お子さんが不安をたくさん抱えていて、その苦しい胸の内を聞かされたとき、親御さんであれば一緒に思いを共有することが、お子さんを守る最善策だと考えるのは当たり前に思えます。

　しかし実際には、お子さんの不安に親御さんが「乗っかってしまう」と、お子さんの不安がより増長し、「負のらせん階段」を親子で一緒に下りていくことにつながります。

「もし〜したら？」「〜が起こったらどうしよう？」というお子さんの言葉に対し、「そうだよね」といったん乗って答えるのもNGです。お子さんの不安に同調してしまうことが、お子さんの不安を肯定することにつながってしまうからです。

「ママは大丈夫だと思うけれど、○○（名前）の不安が本当に実際に起こるんだったら、そのときに考えれば大丈夫だよ」と、**お子さんの不安に乗らない受け答えをする**ことが大切です。

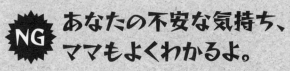

声かけポイント⑬　「負のらせん階段」を一緒に下りない

NG 新しい学校で友だちができるか、不安だね……。

OK ○○（名前）はうまくやれると思っているよ。

転校したり、クラス替えで環境が変わったりすると、不安の強いお子さんは「新しい環境に馴染めなかったらどうしよう？」「友だちはできるだろうか？」と、さまざまな不安が去来します。

そうしたときに「ママも不安だわ～」「うまくやっていけそう？」といった不安を抱くネガティブな声かけをすると、お子さんは「ママも不安なら、やっぱりうまくやっていけないかもしれない……」と自信を失いかねません。

お子さんの言葉に引っ張られることなく、「ママはあなたがうまくやれると思っているよ」「うまくいかなかったら、そのとき考えればいいじゃない！」といった**楽観的でポジティブな声かけをする**と、お子さんも「そうだよな。心配したって、なるようにしかならないよな」と気持ちを切り替えて、新しい環境に適応していくことができると思います。

声かけポイント⑬　「負のらせん階段」を一緒に下りない

NG　学校行きたくない気持ち、ママよくわかるよ……。

OK　学校行きたくないの？　あ、そう。

親御さんから「子どもが学校へ行きたくないといって部屋に閉じこもってしまったのですが、どうしたらいいでしょう？」という相談を受けることがよくあります。そうしたときは、「放っておいて大丈夫ですよ」とお伝えしています。

発達特性があるお子さんがネガティブな状態に陥っているときは、**「負の感情を共有しないこと」**が基本です。子どもの負の感情に「わかる、わかる」と声をかけて寄り添うことを推奨する専門家もいますが、私は**「物理的に距離を置くこと」**が最良だと考えています。

就学前の幼いお子さんでも、急に不機嫌になって、親と離れた場所でひとり遊びを始めるようなことがあります。そうした場合でも、とりあえず放っておく。そして、少し本人の気持ちが落ち着いてきたところで、「アイスあるよ。一緒に食べる？」といった、お子さんの不機嫌さ自体には言及しない声かけをすると効果的です。

声かけポイント⑬　「負のらせん階段」を一緒に下りない

NG　**壁を蹴ったらダメ！悩みがあるなら何でも聞くよ。**

OK　**壁に開けた穴、あとで塞いでおいてね～。**

　成長に伴って、お子さんはいろいろな悩みを抱えたり、イライラしやすくなったりして、時には暴力的な言動を起こすこともあります。これは「定型発達」のお子さんでも同様ですが、発達特性があるお子さんは特に「気持ちの切り替え」に時間がかかる場合があります。自分で気持ちが切り替えられるようになると、次に不機嫌になったとき、より短い時間で切り替えられるようになっていきます。

　お子さんが自力で気持ちを切り替えられるまで、根気強く待つことが大切です。気持ちを立て直したタイミングで、「夕食できてるよ。一緒に食べる？」と声をかけてみましょう。少し不機嫌な様子でも、部屋から出てきて夕食を食べはじめたら、「壁に開けた穴、あとで塞いでおいてね～」と淡々と伝えて、自分のやったことの後始末を自分でさせましょう。自分の行動の結果に責任をとらせることで、気持ちを切り替えることの大切さを理解させます。

「脳」と子育て こぼれ話 ③

発達特性と標準語（共通語）

子どもは発達段階で、親やきょうだい、友人などと話をしながら言語を学んでいきます。そのため、自分の生まれ育った地域の方言を自然に身につけます。

一方、発達特性があるお子さんは、生まれ育った地元でずっと暮らしているにもかかわらず、方言を使わずに標準語（共通語）を話すことが多いのが特徴です。発達特性があるお子さんはコミュニケーションが苦手な傾向があるため、テレビや動画などを通じて標準語を身につけていくことが多いためと考えられます。また、標準語が当たり前の関東近郊で生まれ育った発達特性のあるお子さんは、「だ・である調」よりも「です・ます調」で話すことが多いようです。

ちなみに、英語圏でも似たようなことがあります。発達特性があるアメリカ人の中には、“イギリスなまり”の英語を話す人がいます。

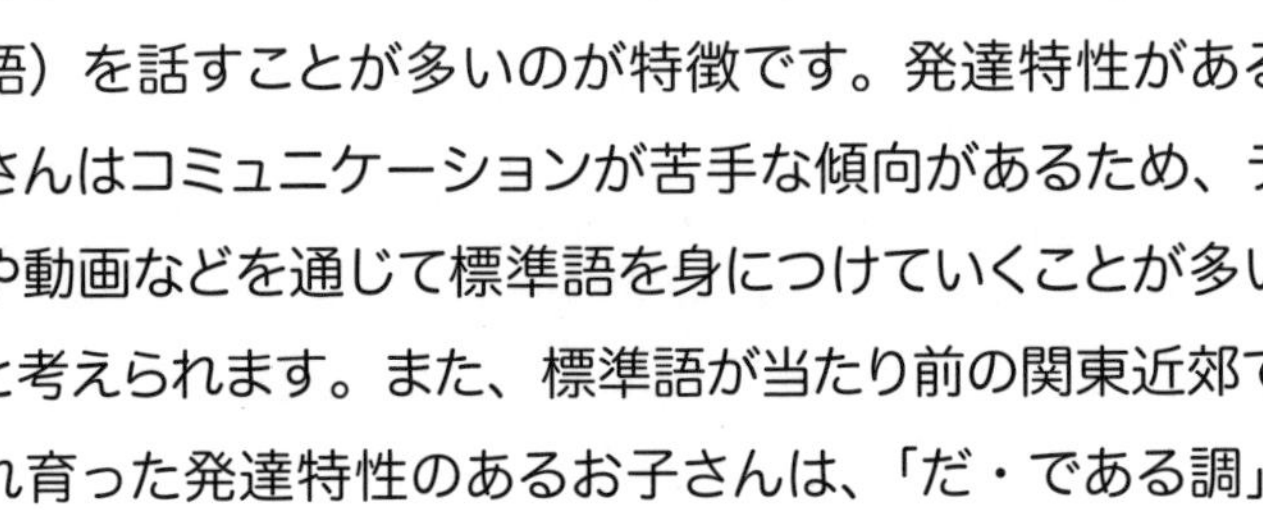

PART

5

親御さんに伝えておきたい大切なこと

「母性」と「父性」のバランスが大事

父性・母性を担うのは、必ずしも父親・母親である必要はありません

発達障害やグレーゾーンに関係なく、子育てをするうえでは、すべてを包み込む「母性」による愛情と、社会的なルール・秩序などを教え諭《さと》す「父性」による愛情が、バランスよく子どもに施されることが理想とされています。

必ずしも、母親が母性を、父親が父性を担う必要はありません。父親のほうが母性にあふれている場合もあるでしょうし、その逆もあると思います。また、シングルマザーやシングルファーザーの中には、母性と父性の両方を持ち合わせている方もいらっしゃいますし、祖父母などの身近な大人が母性または父性の役割を担っていることもあります。

いずれにしても、どちらかに偏ってしまったり、どちらも欠如していたりすると、お子さんの成長、ひいては自立を促すうえで好ましくないと、私は考えています。

習い事の先生やかかりつけの医師に「外注」するのも一案です

たとえばシングルマザーで、父性を担う存在がいない方は、ちょっと厳しい〝おっちゃん〟が師範を務める空手や柔道、剣道などの道場へ通わせるのもよい方法です。

私自身、シングルマザーのお子さんやお父さんとの関係が著しく悪いお子さんを診《み》ているとき、お父さん役を担うことがしばしばあります。お子さんが不安定になっているときは、ある程度強い言葉で社会の規範を教える。そんな役割を果たしていたのです。ですから、かかりつけの医師に、父性を「外注」するのもひとつの方法です。

他方、母性を担う存在がいない場合は、習い事などで母性豊かな先生のところへお子さんを通わせるなどの方法もよいでしょう。園や学校の先生だと1～2年単位で変わってしまいます。しかし、習い事であればもう少し長いスパンで子どもとつき合ってもらえます。

もちろん、特別なことをしてもらう必要はありません。母性の強い人、父性の強い人の傍にいるだけで、お子さんにとって大きな刺激となります。それが大事なのです。

母親と父親の役割をたまに替えてみる

親の感情的な言動は、子どもの心を深く傷つけます

母性と父性については注意したい点もあります。母性の強い人は感情的になりやすい傾向があり、父性の強い人は否定的・批判的になりやすい傾向があるところです。

たとえば、お母さんが感情のおもむくままに「あんたみたいな子を産んだ覚えはない！」と言ったり、お父さんが説明もなく殴ったりすることは絶対にやめてくださいと、いつも親御さんにお伝えしています。幼いお子さんは、親の言動をそのまま受け止めます。特に受容的なお子さんは「自分がすべて悪い」と思い込んで自己肯定感を下げ、反発的なお子さんはますます反抗的になります。

母性を担う役割の人はできるだけ冷静な認知的アプローチを意識し、父性を担う役割の人はできるだけ肯定的なアプローチを心がける――そうすると、お子さんはかなりラクになると思います。

「一般常識」とは別の考え方や行動の人がいることを伝えましょう

お母さんが母性を、お父さんが父性を担っているご家庭であれば、時には「お父さんがお父さんらしくないことをする」「お母さんがお母さんらしくないことをする」こともおすすめです。

あるご家庭の例ですが、あるときお父さんがピンクのカーディガンを着たら、3歳と5歳の子どもに「男なのに、なんでピンクを着ているの？」と言われたそうです。幼い子どもであっても「男性はこんな感じ」「女性はこんな感じ」という固定観念が多少なりともあるわけですね。

そこでお父さんが「男だけどピンクが好きなんだよ」と伝えたら、「あぁ、そういう人もいるんだ」とちゃんと理解したそうです。

日常の8〜9割は、いつものお母さん、いつものお父さんで構わないとしても、「お父さんらしくないところ」「お母さんらしくないところ」を見せる機会を意図的につくり、「一般常識」とは違う考え方や行動を幼い頃から伝えておくと、発達特性があるお子さんの他者への理解や臨機応変な対応、不安の抑制にもつながると考えています。

「愛情」だけでは解決できないこともある

お子さんの特性を最大限尊重することがいちばん大切です

「愛情」をもって接しさえすれば、必ず子どもに通じる――そんなふうに考える親御さんが大半だと思います。ですが、発達特性があるお子さんの中には、いくら愛情（感情）を注いでも反応がなかったり、拒絶的な言動が出てきたりするケースもあります。それは決して親御さんが嫌いというわけではなく、人の感情が理解しにくい特性や感覚過敏などの特性によって、そうした反応が惹起《じやっき》される場合があるということです。

こうした特性は、PART3で紹介した「おうちトレーニング」と、PART4で紹介した「声かけ変換」によってある程度やわらげることはできます。

それでも、他人の感情を察したり、人に対して自分の感情を表したりすることが苦手なお子さんにとって、「豊かな愛情」のやりとりを求めるのは酷です。既成概念を捨て、お子さんの特性を尊重してあげることが大切です。

お子さんの特性を「親の責任」と考えない

周囲の視線や言葉より、お子さんにとって最適な対応を優先しましょう

親御さんの中には、お子さんの特性が親の責任でないことはわかっていても、周囲の心ない視線や言葉に苦しみ、自分を責めてしまう人が多くいらっしゃいます。

たとえば、お子さんが電車の中で「聞いて！ 聞いて！」と大声で話しかけてきたとき、「静かにしなさい！」と叱ると、より大声で叫びはじめます。そのため、親御さんは無視し続けるか、お子さんの気持ちをそらす声かけをすることになります。周りの乗客の中には、「親は何をしているんだ」「どういう躾《しつけ》をしているんだ」と感じてちらちら見たり、口に出して言ったりする人が、一定数存在します。

断言しますが、お子さんの特性は、親の躾や育て方とは一切関係がありません。周りから心ない言動を受けても、親御さんは決して自分を責めることなく、堂々とPART4で紹介した「声かけ変換」でお子さんに対応し、やりすごしてください。

がんばりすぎないこともポイント

「声かけ変換」が完璧にできなくても大丈夫です

お子さんのことを理解しようとがんばりすぎたり、お子さんの想定外の行動に振り回されたりして、親御さんが体調を崩してしまうこともよくあります。親御さんが倒れてしまったら元も子もありません。「がんばりすぎないこと」も、発達特性があるお子さんを育てるうえで、大切なポイントのひとつとなります。

ＰＡＲＴ４で「声かけ変換」の事例を紹介しましたが、これらについても、完璧に習得する必要はありません。ＮＧワードをうっかり口にしたとしても、それに気づいたら、お子さんに「今の言葉は間違っていた」と正直に伝えましょう。そして、次からは適切に「声かけ変換」できるよう心がけます。

そうした繰り返しによって、親と子どもが一緒に少しずつ学び、成長していくことが大切です。

一人で抱え込まずに、周囲を巻き込んでサポートしてもらう

遠慮せずに周りの人に理解や手助けを求めましょう

親御さんの中には、「この子のことは私一人で面倒を見る」「家族だけでなんとかする」といった考え方をされる方もいらっしゃいます。「周囲に迷惑をかけたくない」という気持ちが強いのだろうと思いますが、「むしろ周囲を巻き込んでサポートしてもらおう」と考えたほうが、親御さんやご家族の負担軽減につながるだけでなく、お子さんが将来自立して生きていくうえでも大切です。遠慮する必要はありません。

「周囲を巻き込むといっても、そんなことは現実的には無理」と思われるかもしれません。確かに、発達特性があるお子さんに対する理解が足りない地域や、隣に誰が住んでいるのかもよくわからないような大都市部では、専門家以外のサポートを受けることは難しいのも事実です。ですが、いわゆる「発達障害の人」が増えていることもあり、今後は状況が大きく変わってくると私は考えています。

地域全体で発達特性があるお子さんをフォローしている事例があります

発達障害に対する理解が進むと、周囲の状況がいかに大きく変わるかということは、過去の事例でも理解できます。

以前、東京・世田谷区に東京都立梅ヶ丘病院という全国最大の小児精神科診療を行なっている医療機関がありました。そこでは発達特性があるお子さんを主に診ていて、地域全体でそれをフォローする体制が次第に構築されていきました。

発達特性があるお子さんが万引きしてしまったようなときも、警察に通報するのではなく親御さんに伝え、万引きした商品のお金を支払ってもらい、地域の中で解決していたと言います。同様の例は他の機関にもあるようです。

梅ヶ丘病院は、2010年に別の2つの都立小児病院と統合され、所在地も移転したため、現在はどのような状況なのかわかりません。いずれにしても周囲の人がみな、発達特性があるお子さんに対する接し方について多少なりとも理解していれば、お子さんはもとより、親御さんにとっても過ごしやすい場が生まれる。そうした環境を整えていくことは、決して夢物語ではないのです。

学校・担任の先生との関係

入園・入学前に説明し、事前に体験させてもらえる形が理想です

在籍する園や学校や担任の先生の協力を得ることも、とても大切です。発達障害に対して理解がある園・学校および担任の先生と出会えるかどうかが、お子さんの療育にとってひとつのカギとなります。

できれば入園前・入学前に園や学校側へ「ウチの子はこういう特性があります」「こういうことが苦手です」といったことを具体的に説明し、お子さんを何度か予習的に通わせてもらって、事前に環境に慣れさせてあげることが理想です。

しかし実際問題として、そこまで一人ひとりの園児や生徒に時間を割いて対応してくれる園や学校および先生は、残念ながらそれほど多くはないと思われます。また、一般的な教職員は子どものメンタルに関しては専門家ではないので、発達障害に対する認識や理解が充分でない場合も少なくないのが現状です。

理解のない環境で苦しい思いをしているお子さんが多い？

私立の小学校の中には、発達障害と事前に伝えたことにより、入学を拒否される場合もあると聞いています。ですから、入学前に伝えることを大手を振っておすすめできないのも事実です。問題なく入学できたとしても、発達障害に理解のない担任の先生に当たってしまうと、まさに〝担任ガチャ〟といった感じで、お子さんにとって非常に居心地の悪い環境で一定の歳月を過ごすことになります。これは、お子さんにとっても親御さんにとってもしんどいことです。

そのため、特に都市部にお住まいのご家庭の中には、発達障害に理解のある学校へ越境入学させたり、ご家族でその地域に引っ越しをされたりするケースもあります。本来は、お子さんやご家族がリスクを負う必要はまったくないのですが、そのくらい深刻かつ解決しがたい問題があることも事実です。

それでも、理解のある学校へ入ることのできたお子さんは、それでよかったと思います。しかし、それができないお子さんが多数を占め、苦しい思いをしているのではないかと、私は危惧しています。

医療機関での受診にためらいがある場合は、地域の相談窓口へ

専門家に相談して医療機関を紹介してもらうのもよい方法です

「ウチの子、発達障害かも？」と感じても、医療機関の発達障害外来などを受診するのは、多くの親御さんにとってハードルの高いことだと思います。

そこで、「発達障害について専門機関に相談したい」と考えておられる方は、まずはお住まいの地域の行政窓口、あるいは「発達障害者支援センター」などに相談することをおすすめします。

それらの窓口には、発達障害の専門家が常駐しています。限られた時間内での相談になると思われますが、それでも親御さんにとっては有意義な情報を得る機会になるはずです。そのうえで、専門の医療機関を受診したほうがいいと思われた場合は、小児の発達障害を専門とする医療機関を紹介してもらうとよいでしょう。

医療機関の上手なかかり方

子どもの発達障害を診ている医療機関を受診しましょう

子どもの発達障害については、「児童精神科」や「小児神経科」で診てもらうとよいでしょう。近年は「発達障害外来（または発達障害専門外来）」を開設している医療機関も増えており、インターネットで「◯◯県◯◯市　発達障害外来」と検索すると、お住まいの地域の専門医や専門機関を見つけることができます。

ただし、発達障害外来の中には、成人の発達障害を対象としているところも昨今は多いので、事前に確認する必要があります。近隣に子どもの発達障害を診てもらえる医療機関がない場合は、かかりつけの小児科に相談することをおすすめします。

ＡＤＨＤのお子さんは、小学校へ入学する6～7歳の頃に医療機関を受診するケースが多く、ＡＳＤの場合はもう少し早くて、1歳半を迎える頃には周囲の大人が気づき、お子さんが3歳になる頃までに受診して診断に至るケースが多く見られます。

お子さんの困りごとを書き出して受診すると精度の高い診断につながります

医療機関を受診するときは、お子さんの困りごとを優先順位に基づいて書き出して持参すると、医師はより的確に診察できます。特に、2つ以上の場面でのお子さんの言動に違いがあることがわかると、薬を処方するかどうかを含めて、医師にとって参考となります。

たとえば、学校では落ち着いて勉強しているのに、家ではちっとも勉強していないとなると、それは集中できないわけではなくて、やろうと思えばできると考えられます。場合によっては発達障害ではなく、単に家では甘えているだけのこともあります。

逆に、学校でも家でも集中して勉強できていないとなると、「この子は環境によらず集中が苦手な傾向」とわかります。

可能であれば、受診する前に園や学校、塾や習い事の先生などに日頃のお子さんの様子を聞いておくと、より適切な診断につながります。

もちろん、できる範囲で構いません。事前のリサーチをしなくても、子どもの発達障害を専門としている医師であれば、適切な診断は可能です。

ＡＤＨＤの薬物療法　――保険適応の薬が4種類ある

薬を服用することで脳機能の発達を促すことができます

ＡＤＨＤの特性である不注意や多動性・衝動性は、年齢とともにある程度は改善されます。それでも、薬を飲むことによって、困りごとや苦手を生み出す特性を早い時期からコントロールでき、脳機能の発達をより早く促す可能性が示されています。

ロンドン大学の精神医学研究所に在籍されていた中尾智博先生（現・九州大学精神病態医学分野教授）の研究では、「メチルフェニデート」という薬を内服していたＡＤＨＤの症例のほうが、内服をしていなかった症例よりも、定型発達の人との脳発達の差が小さかったと報告されています。

ＡＤＨＤ特性があるお子さんは、脳の発達が定型発達より2年ほど遅いとされていて、定型発達の人の脳の発達に追いつくのは16〜18歳と言われています。それが、薬を服用することで短縮されると考えられています。

ADHDの薬

	コンサータ	ビバンセ	インチュニブ	ストラテラ
内服回数	1日1回	1日1回	1日1回	1日2回
持続時間	12時間	12時間	24時間	24時間
効果発現までの期間	数日	数日	1〜2週間程度	1〜2カ月程度
出現しやすい副作用	食欲低下・体重減少 不眠	食欲低下・体重減少 不眠	眠気 血圧低下	頭痛 吐き気
流通規制	あり	あり	なし	なし

＊ビバンセの初回投与は18歳未満

ADHDに対しては、保険適応となっている薬が4種類あります。いずれも6歳から使用できます（ビバンセの初回投与は18歳未満）。

「注意」が低下しているお子さんには「メチルフェニデート（コンサータ）」「リスデキサンフェタミンメシル酸塩（ビバンセ）」がおすすめです。ちょっとしたことで暴力的な言動をする「衝動性」が高いお子さんには「グアンファシン塩酸塩（インチュニブ）」が有効。ひとつのことに過集中し、ほかが見えなくなるようなお子さんには「アトモキセチン塩酸塩（ストラテラ）」が適しています。

脳機能の発達が追いつけば薬は必要なくなります

お子さんにとって、15～18歳は高校受験、大学受験を控えた大切な時期です。そのタイミングを「集中力の高い状態」で過ごすのと、「注意力が散漫で衝動的な状態」で過ごすのでは、その後の人生が大きく変わると言っても過言ではありません。

学業だけでなく、薬の服用でＡＤＨＤの特性を比較的早い時期から抑えることができれば、社会との「摩擦」（24ページ参照）に悩む期間が減り、お子さんの生きやすさや個性の伸長につながることは確かです。

薬物療法については、副作用に不安を覚える親御さんが少なくないと思われます。どのような薬も大なり小なりリスクはあります。ＡＤＨＤのお子さんに処方される薬も、食欲不振、体重の減少、睡眠障害などの副作用が報告されています。しかし、リスクはあっても、そのリスクを補って余りある効果がＡＤＨＤの薬には期待できると、私は考えています。

ですので、副作用をむやみに恐れるより、「一度試してみてはいかがですか？」と親御さんに伝え、同意を得たのちに、お子さんの様子を診ながら慎重に処方しています。

ＡＳＤの薬物療法　――本当に困ったときの〝切り札〟

ＡＳＤのお子さんは薬よりも「声かけ変換」がおすすめ

ＡＤＨＤとＡＳＤの特性を併せ持っていて、衝動性とこだわりがともに強く、自分の思ったとおりにならないとイライラして暴力を振るってしまうようなお子さんには、「グアンファシン塩酸塩」が適していますが、ＡＳＤのこだわりに関しては、別の保険適応の薬があります。「リスペリドン」や「アリピプラゾール」と呼ばれる薬です。これらは統合失調症にも使われる薬で、副作用がそれなりにあることから、幼いお子さんにはあまり推奨できません。ＡＳＤ特性があるお子さんに対する薬物療法は、本当に困ったときの「切り札」と考えていただいたほうがよいでしょう。

ＡＳＤ特性があるお子さんには、ＰＡＲＴ３の「おうちトレーニング」やＰＡＲＴ４の「声かけ変換」を優先します。特性を治すことはできませんが、特性を活かして社会に適応するための力を磨くことはできます（ＡＤＨＤ特性も同様です）。

その他の療育的アプローチ①

認知行動療法

認知と感情を切り離して働かせることを目指す心理療法です

発達特性があるお子さんに対するアプローチは、医学や薬物療法以外にもあります。いずれも健康保険の適応外となりますが、参考までに紹介しましょう。

薬物療法以外の療育的手法としては、「認知行動療法」が知られています。認知行動療法は、うつ病や統合失調症など、精神疾患全般に広く行なわれている心理療法のひとつです。

発達特性があるお子さんは、相手の考えを理解（認知）することはできますが、感情面までくみ取ることが苦手です。認知と感情は精神を司《つかさど》る〝車の両輪〟ですが、発達障害に対する認知行動療法では、認知と感情を切り離して個別に働かせることができるようにすることを目指します。なぜなら、発達特性があるお子さんは、認知力は秀でているのに、感情面の理解が乏しいという傾向があるからです。

苦手な感情の部分にこだわることはお子さんの自立に悪影響を及ぼします

発達特性があるお子さんは、感情面の理解が苦手なことから、感情面の成長を促す療育を提唱する医師や専門家が多くいます。一般の人に向けた書籍の中には、「感情豊かな子どもに育てましょう」といったことが書いてあったりもしますが、それはおそらく成功しないと思います。

発達特性があるお子さんが苦手な感情の部分にこだわるよりも、先に説明したように認知と感情を切り離し、分けて機能させるほうが有益というのが、現時点の発達障害に対する認知行動療法のトレンドです。

そういう意味では、親御さんが子育てをするうえで「難しいな」「伸ばしにくいな」と思っている能力は、発達特性があるお子さんが一定の社会で生きていくうえでは必要のない能力と言えるかもしれません。

逆に言うと、発達障害であっても「本当は意外とできる」能力が、親御さんや周囲からは「難しい」「伸ばしにくい」と勘違いされ、軽視されている……。そんなお子さんが、想像以上に多数存在すると、私は考えています。

その他の療育的アプローチ②

ＡＢＡ

お子さんの好ましい行動を褒めて伸ばすことが大きなポイントです

ＡＢＡ（Applied Behavior Analysis）は、日本語では「応用行動分析」と呼ばれています。文字通り、応用行動分析学を用いて発達特性があるお子さんに療育を施す方法です。

お子さんの「好ましい行動」を「強化」する一方で、「好ましくない行動」を減らし、お子さんの持っている力を少しずつ引き出しながら社会性を向上させ、自立する力を身につけていくように働きかけることを目的としています。

このとき、好ましくない行動を叱ってやめさせるのではなく、好ましい行動を「褒めて伸ばす」ことに注力するところが、ＡＢＡのポイントです。医療機関では、ＡＢＡセラピストの資格をもった人が対応しますが、セラピストの人にお子さんに応じたプログラムを作成してもらうと、ご家庭でも比較的簡単に実践できます。

日常生活の中でも実践できます

たとえば、親子でスーパーマーケットへ行ったとき、お菓子売り場の前でお子さんが「お菓子を買って！」と騒いだとします。親御さんはＡＢＡの方法に則って「何も聞こえていない」という感じで無視します（意図的な無視）。子どもがどんなに騒いでも無視し続けることで、「望ましくない行動」をいくら起こしても、お子さんが望む結果には結びつかないことを理解させるのです。そして、お菓子売り場で騒がないという約束をお子さんが守ることができたときは、「偉いね」「すごいね」「我慢できたね」と大いに褒め、お菓子を買ってあげるなどのご褒美をあげます。

これを繰り返すことにより、お子さんは約束を守ると褒められることを学習し、買い物の最中に騒がないという習慣を身につけていきます。

このように、お子さんの苦手なこと、困りごとをひとつずつ解消し、成功体験を積み上げることで、お子さんの自己肯定感は高まり、「できること」が増えていきます。それが結果的に、社会性の向上にもつながります。

その他の療育的アプローチ③

TEACCH

ASDの特性を社会の側が理解して継続的に支援していくプログラムです

発達障害の中でも、ASD特性があるお子さんとご家族を対象に開発された支援プログラムが「TEACCH《ティーチ》」です。ASDの診断から療育、ご家族のサポート、本人の自立・就労に至るまで、医療機関や自治体・学校など、地域全体で長期に渡って支えていく包括的プログラムです。

ASD特性がある人は、こだわりが強かったり、他者とのコミュニケーションや想定外の出来事への対処、言葉を聴きとることなどが苦手だったりします。

そうしたASDの特性を世間体に合わせて改善しようとするのではなく、周囲の人たちがASDの特性を理解し、ASDの人が生きやすい環境を整えて、その生活の質(QOL)を高め、自立した生活を送れるように継続して支援していくことをTEACCHは目指しています。

手順の構造化の例

手順を細分化してイラストで示すことで、
次に何をすればいいかが理解できます。

お子さんに合った構造化のアプローチ

TEACCHの支援プログラムは、「構造化」と呼ばれる手法を用いて環境を整理することが基本とされています。

たとえば、発達特性があるお子さんが、今自分の置かれている状況や今後の見通しについて不安を感じることがないように、次に何をすべきかを常に確認できるようにボードにスケジュールを書き出す「時間の構造化」や、行動する場所（勉強する場所、遊ぶ場所、休む場所など）を特定する「空間の構造化」、さらには耳で聴きとるのが苦手なお子さんには、写真や絵などを使って視覚的にアプローチする「視覚的構造化」など、さまざまな構造化のパターンがあります。

お子さんの自己肯定感と実行機能を高めるコツ

「声かけ変換」以外で心がける5つのポイント

お子さんが、「困りごと」や「苦手」を抱えながらも自分らしく生きていくうえで重要となるのが、「自己肯定感」と「実行機能（やりきる力）」であることは、先にお話ししました。この2つの大切な要素を高める方法について、「声かけ変換」以外で心がけるポイントを紹介しましょう。

①自分がすることは自分で決めさせる

親に言われた通りに動くより、自分で計画して行なうことのほうが、自己肯定感の向上につながります。ゲームをする場合でも、事前に「どのくらいの時間内にどのくらいの結果を出す」という目標を自分で決めさせて実践させると達成感が得られ、本人の自信につながります。これは実行機能を養ううえでも大切です。

②失敗させないのではなく、失敗したときにサポートする

お子さんが自分で何かを「やりたい」と言い出したときには、本人や周囲の人にとって危険を伴うことでない限り、できるだけ挑戦させてあげましょう。

失敗することも多いと思いますが、とりあえず考えて、やってみて、それからまた振り返って考える。こうしたことを繰り返すことが、本人の実行機能を鍛える大切なポイントです。

失敗することによって、本人なりに「ここはちょっと引いたほうがよかったかな」と考え、次からは自己抑制が働いて無謀な行動を抑えるようになります。また、「こんなやり方もあったかもしれないな」と考え、臨機応変さを身につけるきっかけにもなります。

失敗した悔しさでお子さんが泣いていたら、「がんばったね」と声をかけギュッと抱きしめてあげるとよいでしょう（感覚過敏がある子には、必ずしもそうではありません。その子が喜ぶ方法で励ましてあげてください）。

③「ありがとう日記」をつける

自己肯定感の低いお子さんは、ネガティブな記憶が残りやすく、「生きていてもよくないことばかり起こる」「自分は何の役にも立っていない」と思いがちです。そうしたお子さんには「ありがとう日記」をつけるように、私はすすめています。

人から「ありがとう」と言われたら、どういう状況で何をしたときに言ってもらえたのかを記録しておくのです。

「ありがとう」という言葉は〝自己肯定感を高める特効薬〟で、記録していくうちに自ら進んで人の役に立とうと考えるようになります。

④がんばれば達成できる目標を設定する

高い目標を掲げて、そこに向かって努力することは悪いことではありません。しかし、目標が高すぎると達成するのに時間がかかったり、途中で挫折してしまったりします。

当面の目標は「少しがんばれば達成できるけど、何もがんばらなければ達成できない」程度に設定し、それをひとつずつクリアしていき、最終的に高い目標を達成することを目指すようにします。「スモールステップ法」と呼ばれる方法です。

小さな目標を達成する体験を重ねながら、大きな目標を目指すことで、自己肯定感および実行機能の向上に効果的です。

⑤完璧であることを求めない

お子さんが目標を立てて勉強を始めたり、新しい習い事に挑戦しようとしたりするとき、本人は完璧をしばしば自分に求めていますが、親御さんは完璧を求めないようにします。

結果的に100点をとったり、習い事のコンクールで賞をもらったりした場合は、大いに褒めてあげることが大切ですが、点数や賞に結びつかなくても、本人の努力や挑戦する姿勢を認めてあげることが、いちばん大事です。

おわりに

私自身も発達特性を持っていることは、本書の冒頭でお話ししました。それでも、中学までは特に困ることもなく、のびのびと過ごしていました。

ところが、地元の公立高校へ入学後、あっという間に「摩擦」が生じるようになりました。その高校は地方のいわゆる「エリート」を養成する進学校で、従順さと均一性を求める学校体質に耐えられず、入学から2カ月で「学校をやめる」と親に伝えました。

すると父が突然、「東京へ一緒に行こう」と言い出し、翌日、父に連れられて初めて東京を訪れました。当時16歳の私は、ギャル文化全盛期の渋谷を散策し、御茶ノ水駅で降りて本郷まで歩いて東京医科歯科大学・順天堂大学・東京大学の周りの大学街の雰囲気を楽しみました。夜は銀座の「ライオン」に連れて行ってもらい、〝眠らない街〟の活気を感じました。そこで「いろんな人がやりたいことをやっていて、みんな同じでなくていい」ということに気づきました。

以来、私は「田舎のエリート思考」の押し付けに向き合わず、「将来は東京で自分らしく生きる」と決意。目標ができたことで高校との距離を取ることができ、進級できるギリギリの日数まで高校は休んでいました。その後は、東京大学教養学部理科Ⅲ類（医学部の前期課程2年）に合格し、自分の好きなことをして生きていけています。

発達特性にかかわらず、社会の常識と自分らしさの摩擦からくる葛藤は誰にでも起こり得ると考えています。私が幸運だったのは、両親がこの葛藤に対して理解があったことです。仮に両親が高校側の考えで私に接していたら、私は大学に進学していなかったと思っています。しかし、どんな親も最初から完璧ではありません。今が完璧でなくても変わろうとする姿勢そのものがお子さんにとっての愛情表現であり、お子さんは親御さんの努力に敏感に気づいています。「私がダメだから、ウチの子は問題行動を起こしてしまうのでは？」といった自責の念に駆られる必要は、もうありません。

いちばん大切なのは、本文でお話ししたように、お子さんの特性を否定するのではなく、しっかりと受け止め、発達障害に対する知識も身につけて適切に対応すること。失敗を繰り返しても、根気強く続けるうちに、お子さんも親御さんも確実に一歩ずつ前進していきます。決して無理をせず、親子でゆっくりと歩みを進めていくうえで、本書の内容が少しでもお役に立つことができれば幸いです。

青木悠太

【著者紹介】
青木悠太（あおき・ゆうた）
あおきクリニック院長・昭和大学発達障害医療研究所兼任講師
2007年、東京大学医学部医学科卒業、東京大学医学部附属病院初期臨床研修・東京大学医学部精神神経科後期臨床研修修了。キングス・カレッジ・ロンドン精神医学研究所（英国)、ヴェローナ大学医学部精神科（イタリア）で地域精神医療を学ぶ。東京大学大学院にて博士（医学）取得。日本学術振興会海外特別研究員として、ニューヨーク大学医学部児童思春期精神科（米国）にて博士研究員。2017年より昭和大学発達障害医療研究所講師。国際自閉症研究会議若手科学者賞、日本生物学的精神医学会学術賞などを受賞。発達障害に関する講演を司法研修所・大学・国立研究センターなどで行なう。
著書に『ASD、ADHDの「苦手」を乗り越え自己実現』（主婦の友社)、分担著書に『Oxford Textbook of Attention Deficit Hyperactivity Disorder』（オックスフォード大学出版局）などがある。

脳科学でわかった
発達障害・グレーゾーンの「子どもの脳」にちゃんと伝わる「声かけ変換」

2024年4月4日　第1版第1刷発行
2025年1月15日　第1版第2刷発行

著　者　青木悠太
発行者　村上雅基
発行所　株式会社PHP研究所
京都本部　〒601-8411　京都市南区西九条北ノ内町11
〔内容のお問い合わせは〕暮らしデザイン出版部 ☎075-681-8732
〔購入のお問い合わせは〕普及グループ ☎075-681-8818
印刷所　株式会社光邦
製本所　東京美術紙工協業組合

ISBN978-4-569-85708-4